Das Lettern

IST EINE

THERAPIE

FÜR DIE

Seele

Inhaltsverzeichnis

Über dieses Buch

Handlettering, das Malen schöner Buchstaben, ist mittlerweile zu einem bekannten und sehr beliebten Trend bei Kreativschaffenden geworden.

Wenn Sie sich selbst schon in der Kunst des Letterns versucht haben, verspüren Sie vielleicht inzwischen den „Hunger" nach noch mehr Buchstabenformen, nach weiteren Schriftarten und wahrscheinlich auch nach verschiedenen Werkzeugen. Und Sie haben möglicherweise gemerkt, dass Sie in Sachen Komposition an Ihre Grenzen stoßen.

Sie haben bereits einige Schriftarten einstudiert und sind inzwischen Profi im Zentrieren von Textzeilen? Sie müssen beim Schattieren von Buchstaben kaum mehr nachdenken? Gut so, denn dieses Buch richtet sich nicht an die Neueinsteiger ins Thema Handlettering, sondern an diejenigen, die in Sachen Komposition und Layout weiterkommen möchten.

Dieses Buch wird Sie bei zwei Dingen unterstützen: Ihr Repertoire an Schriftarten zu vervielfachen und die Möglichkeiten einer dem Text angemessenen Komposition zu erarbeiten. Ich zeige Ihnen, wie Sie eine Schrift mit einfachen Mitteln deutlich verändern können, um einen neuen Look zu kreieren. Auf diese Weise wächst Ihr „Vorrat" an verschiedenen Schriftarten, die Sie immer wieder anders kreativ einsetzen können. Darüber hinaus widmen wir uns den Möglichkeiten der Komposition. Zentrierte Letterings sind schön – es gibt aber noch viele weitere Mittel und Wege, um Ihre Botschaft visuell ansprechend darzustellen.

Ich wünsche Ihnen viel Freude und Erfolg bei der Weiterentwicklung Ihres Handlettering-Stils.

Material

Die wichtigsten Werkzeuge beim Handlettering sind Bleistift und Fineliner sowie glattes Papier. Für das Brush Lettering sollten Sie einen Brush Pen haben — also einen Pinselstift. Kein Muss, aber sehr hilfreich ist eine Lettering-Schablone. Eine solche habe ich für Sie gestaltet — sie liegt dieser Mappe bei.

Bleistift und Radiergummi

Einen Bleistift haben Sie mit Sicherheit zur Hand. Wenn kein Härtegrad auf den Bleistift aufgeprägt sein sollte, wird sich die Härte wahrscheinlich zwischen HB und H bewegen — also im Mittelbereich zwischen weichen und harten Minen. Skizzen, die Sie mit einem solchen Bleistift anfertigen, ohne dass Sie dabei zu stark aufdrücken, können Sie leicht wieder wegradieren. Bleistifte mit dem Härtegrad HB, B, F oder H sind bestens für Ihre Vorzeichnungen geeignet.

Brush Pen

Der Brush Pen hat eine flexible Spitze, weswegen Sie bei ihm die Strickstärke über den ausgeübten Druck variieren können. Je stärker der Stift auf das Papier gedrückt wird, desto größer wird die Fläche, die über den Malgrund gleitet und dort Farbe hinterlässt.
Die Spitzen von Brush Pens können aus zwei Materialien bestehen. Es gibt Brush Pens, die feine Acrylspitzen haben. Diese Spitzen sind langlebig, aufgrund ihrer Robustheit und auch ihrer Schreibeigenschaften eignen sie sich sehr gut für Lettering-Einsteiger.
Andere Brush Pens haben Filzspitzen. Diese sollten nur auf glattem Papier eingesetzt werden, weil sie ansonsten ausfransen. Filzspitzen sind deutlich dicker als Acrylspitzen, weswegen sie auch zum Malen größerer Lettering-Projekte genommen werden können.

Fineliner & Filzstift

Einen Fineliner benötigen Sie, um die Bleistiftskizze in ein fertiges Handlettering-Kunstwerk zu verwandeln. Mit dem Fineliner zeichnen Sie die Buchstaben, Verzierungen und grafischen Elemente. Es gibt Fineliner in unterschiedlichen Stärken und Farben — am besten probieren Sie einfach aus, mit welchem Stift Sie persönlich am besten zurechtkommen.
Filzstifte eignen sich besonders zum Malen von Monoline-Schriftarten. Durch die gleichmäßigen, dicken Linien der Filzstiftspitze kommen diese besonders gut zur Geltung. Außerdem können Sie Filzstifte zum Ausmalen größerer Flächen verwenden.

Papier

Wenn Sie Handlettering-Entwürfe mit Bleistift anfertigen, ist handelsübliches Kopierpapier mit 80 g/m²
dafür bestens geeignet. Das Papier ist dünn genug,
damit Sie zum Verbessern der Entwürfe ein Blatt auf
das andere legen können – unten liegt Ihre Skizze, die
durch das obere Papier durchscheint. Auf dem oberen
Papier können Sie vom Entwurf übernehmen, womit
Sie zufrieden sind. Um am Layout und am Schriftbild
mit Brush Pens weiterzuarbeiten, empfiehlt es sich, auf
glattes Transparentpapier oder sogar Butterbrotpapier
umzusatteln. Über raues Druckerpapier gleiten die Stifte
nicht besonders gut.

Das endgültige Lettering kommt am besten auf glattem, etwas stärkerem Papier zur Geltung. Das kann
kostengünstiges, gestrichenes Druckerpapier mit einer
Grammatur von 170 g/m² und mehr sein. Es gibt aber
auch spezielles Lettering-Papier. Das Papier der Sorte
Bristol beispielsweise ist besonders glatt und schont so
die Spitze Ihrer Brush Pens.

Bleistift
HB, B, F oder H

Fineliner
0,4 mm und dicker

Brush Pen
1–3 mm

Schablone

In diesem Buch finden Sie eine Layout-Schablone, mit
der Sie mühelos ein spannendes Gerüst für Ihr Lettering
anlegen können. Statt mit Lineal und Zirkel zu hantieren,
können Sie mit Hilfe der Schablone und eines Bleistiftes
auch komplexere Formen skizzieren.

Übrigens …

Auch dieses Buch hier können Sie zum Üben nutzen.
Legen Sie dafür Transparentpapier auf die Letterings,
die Ihnen gefallen, denn dann können Sie diese mit
dem Fineliner oder Brush Pen direkt nachzeichnen. So
lernt Ihre Hand, wie das Lettern geht, Sie trainieren Ihr
Muskelgedächtnis und machen sich mit Ihren Werkzeugen vertraut.

Diese Schablonenvorlage
finden Sie auf Seite 75.

① Das Layout beim Handlettering

Der Wortlaut, der Sie lettern möchten, hat eine Geschichte zu erzählen. Ganz egal, wie kurz oder lang der Text auch ist, Sie haben es im wahrsten Sinne des Wortes in der Hand, wie er verstanden wird. Durch die formale Gestaltung, die Sie für Ihre Umsetzung wählen, haben Sie sehr viel Einfluss auf die Bildsprache. Denn Ihr Lettering wird nicht nur gelesen, sondern auf mehreren Ebenen interpretiert.

Schriftgestalt

Allein die Form der Buchstaben hat bereits eine Wirkung auf den Leser und sollte unbedingt zu dem passen, was Sie inhaltlich wiederzugeben beabsichtigen. Bezieht sich Ihre Aussage auf etwas Klares, Geordnetes oder Strukturiertes, wählen Sie eine ebensolche Schriftart. Wollen Sie etwas Wildes, Unkontrolliertes oder Zerstörerisches zum Ausdruck bringen, kann auch das Schriftbild mutig aus den altbekannten, kastigen Strukturen ausbrechen. Natürlich können Sie auch ganz bewusst eine Diskrepanz zwischen Gesehenem und Gelesenem herstellen,

um einen Konflikt aufzuzeigen oder den Betrachter zum Nachdenken zu bringen. Machen Sie sich die Wirkung Ihrer Schriftart bewusst, um gezielt damit zu spielen und die Bildsprache Ihres Letterings zu verstärken.

Versuchen Sie, ein- und dasselbe Wort in verschiedenen Stilen zu lettern. Denken Sie dabei an Worte wie romantisch, ungestüm, traurig, erfreut, hektisch, aufgeräumt, klassisch, altertümlich, kaputt. Diese Übung können Sie mit verschiedenen Worten immer wieder machen, sie fördert Ihre Kreativität und bringt Sie auf neue Ideen. Verwenden Sie auch unterschiedliche Materialien – lettern Sie beispielsweise mit einem vertrocknenden Filzstift auf einem Stück gebrauchten Versandkarton oder mit dickem, rotem Brush Pen auf einer Buchseite.

Übrigens ...

Auch Farbe hat Einfluss auf die Wahrnehmung des Gesehenen. In diesem Buch konzentrieren wir uns jedoch weitestgehend auf die Grundlagen der Layoutgestaltung. Wenn Sie zusätzlich Farbe wirkungsvoll in Ihre Letterings integrieren wollen, empfehle ich Ihnen, sich mit der Farbenlehre auseinanderzusetzen.

Hierarchie

Wie Sie gesehen haben, spielt die Schriftgestaltung selbst bereits eine wichtige Rolle. Bei weniger dekorativen oder expressiven Schriftarten fällt jedoch ein anderer Aspekt mehr ins Gewicht: die Hierarchie und ihre verschiedenen Ebenen. Lesen Sie die beiden folgenden Texte laut. Was fällt Ihnen auf?

NIE ist das, was <u>man</u> tut, entscheidend, sondern <u>immer</u> erst das, was man danach TUT.

Nie ist <u>das</u>, WAS man tut, entscheidend, sondern immer erst <u>das</u>, was man DANACH tut.

Es handelt sich natürlich um ein- und dasselbe Zitat von Robert Musil. Die beiden Versionen unterscheiden sich lediglich dadurch, dass ich durch Unterstreichungen und den Einsatz von Großbuchstaben die Rangfolge der Wörter anders aufgebaut habe. Die erste Version ist verwirrend, man erfasst die Aussage nicht sofort. Bei der zweiten Version hingegen ist schnell klar, was gemeint ist. Hier unterstützt die Hierarchie beim Verstehen der Aussage.

Im Handlettering erzeugt man solche unterschiedlichen Hierarchie-Ebenen durch den Einsatz verschiedener Schriftgrößen, Strichstärken, Schriftarten und grafischer Elemente. Hierarchie und Schriftgestaltung hängen beim Handlettering also sehr stark zusammen.

Bestimmte Schriftarten nehmen viel Raum ein und wirken dadurch bereits auf den ersten Blick wichtig. Andere wiederum nehmen sich so stark zurück, dass sie in Kombination mit anderen Schriftarten nur für weniger wichtige Textteile verwendet werden sollten. Wichtig für ein gutes Layout ist, dass das Auge flüssig durch die Komposition geführt wird und die Wahrnehmung der einzelnen Elemente das Verständnis der Kernaussage unterstützt.

Lesbarkeit

Eine gute Lesbarkeit erzeugt Freude beim Lesen. Etwas nicht entziffern zu können oder beim Lesen ins Stocken zu geraten, ist frustrierend. Ein Lettering kann noch so schön gestaltet sein – die Aussage muss dabei klar verständlich und gut lesbar bleiben. Wirklich effektiv ist ein Lettering dann, wenn es ansprechend aussieht und die Kernaussage unterstreicht.

Wie gut ein Text lesbar ist, hängt zum einen von der gewählten Schriftart ab. Die Buchstaben müssen einfach zu entziffern, die Worte klar als solche erkennbar sein. Die einzelnen Wörter und die sie umgebenden, dekorativen Elemente dürfen nicht zu sehr ineinanderfließen.

Hier sehen Sie ein weiteres Negativbeispiel in Sachen Lesbarkeit. Die meisten Lesenden werden die Worte nicht auf Anhieb in die richtige Reihenfolge bringen können. Wie geht es Ihnen dabei?

Zum anderen dürfen Schnörkel und Schmuckelemente nicht so sehr von den Buchstaben ablenken, dass man diese regelrecht suchen muss. Ebenso negativ wirkt es sich auf die Lesbarkeit aus, wenn Buchstaben nicht von Schmuckelementen zu unterscheiden sind. Zu guter Letzt darf auch die Wortreihenfolge nicht unklar sein. Die Anordnung der Textteile muss klar der gewohnten Leserichtung folgen.

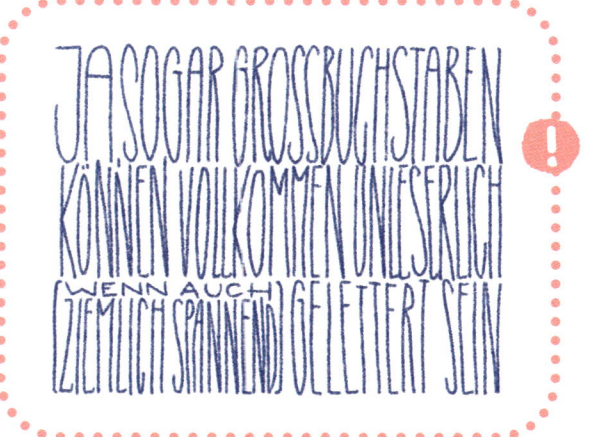

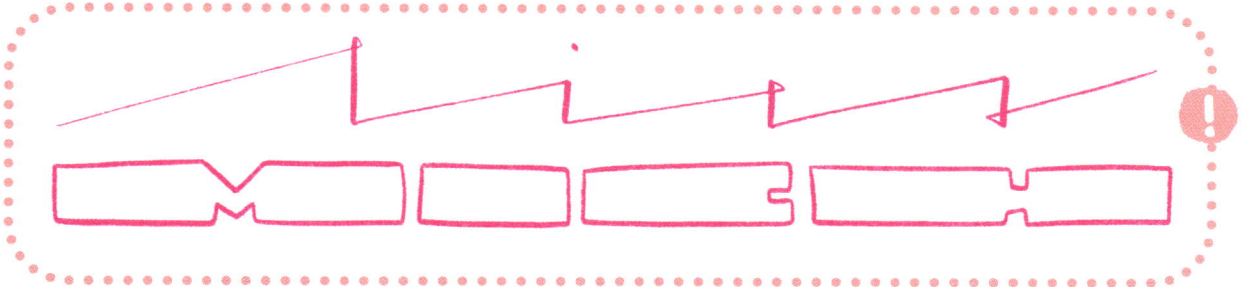

Im folgenden Lettering habe ich es mit den Schnörkeln etwas übertrieben. Ihr Handlettering-Auge ist möglicherweise schon so geschult, dass Sie das Geschriebene leicht entziffern können. Wenn Sie aber jemanden fragen, dem das Thema Kalligrafie eher fremd ist, wird er wahrscheinlich Schwierigkeiten haben, das Lettering sofort zu entziffern. Im Zweifel können Sie Ihre eigenen Letteringentwürfe jemand anderem zeigen – mein Mann zum Beispiel hat sich schon oft als guter Kritiker herausgestellt.

In dieser Version nehmen sich die Schnörkel etwas zurück und die Schrift tritt viel deutlicher hervor.

Eine gute Handlettering-Komposition ist also eine harmonisch angeordnete, zusammenhängende Folge von Worten oder Buchstaben, die optisch ansprechend aussieht und gleichzeitig gut lesbar ist. Dazu müssen die Buchstaben, ebenso wie die grafischen Elemente, in ihrer Form, Größe, Anordnung und Farbe zueinander und zum wiedergegebenen Inhalt passen.

Ausnahmen und Widersprüche sind natürlich möglich, Sie sollten diese aber bewusst und mit Absicht einsetzen. Daher ist es wichtig, die grundsätzlichen Prinzipien für eine gute Kompositionen zu kennen und typische Fehler zu vermeiden. Kurzum: Man sollte die Regeln kennen, bevor man seine künstlerische Freiheit nutzt und diese bricht.

② Erst die Schrift – dann das Layout

Bevor wir ein ansprechendes Layout gestalten können, müssen wir die Bausteine kennen, die uns dafür zur Verfügung stehen. Das ist in erster Linie die Schrift in all ihren Variationen. Aber auch Schmuckelemente, Rahmen und Bordüren sowie Illustrationen haben ihren Platz im Handlettering. In diesem Kapitel widmen wir uns zunächst der Schriftgestaltung.

Verschiedene Schriftarten

Beim Handlettering kommt es nicht darauf an, die Namen möglichst vieler Schriftarten zu kennen oder ganze Alphabete auswendig zu lernen. Ein schönes Handlettering entsteht durch Übung, Training des Muskelgedächtnisses und durch den Einsatz von „Lieblings-Elementen". Lettering-Künstler verwirklichen oft ganz eigene Buchstabenkreationen und selbst eine einfache, serifenlose Schrift kann einen ganz eigenen Charakter bekommen, wie Sie an den folgenden Beispielen sehen können.

Serifenlose/Groteske Schriftarten

Ganz einfache, serifenlose Buchstaben stechen mit etwas Dekoration ins Auge, wirken aber auch in ihrer schlichtesten Form ganz und gar nicht langweilig.

Der Look lässt sich aber auch ganz leicht ändern. Ob die Schrift wuchtig, verspielt oder filigran daherkommt, hängt ganz von ihrer Gestaltung ab.

Serifenschrift

Serifenschriften bekommen eine edle Anmutung, wenn die Buchstaben hoch und schlank gemalt werden.

Schreibschriften

Sind die Buchstaben miteinander verbunden wie hier, spricht man von einer Schreibschrift. Beim Handlettering heißt das aber nicht, dass die Worte in einem Zug gemalt werden. Auch hier wird der Stift nach jedem Teilstrich abgesetzt. Je nach verwendetem Werkzeug und Strichform können ganz unterschiedliche Schreibschriften entstehen.

Faux Calligraphy

Brush Lettering mit Pinsel

Neufundländer

Brush Lettering mit feinem Brush Pen

Gebrochene Schrift

Die Imitation einer gebrochenen Schrift, wie sie üblicherweise mit einer Bandzugfeder oder einem Kalligrafiestift mit Keilspitze geschrieben wird, setzt die Kenntnis der Buchstabenformen und Strichführung gotischer Schriften voraus.

Malteser

Monoline

Frei ausgeformt

Dekorative Schriften

Die Schriften, die aus den geradlinigen Grundformen
althergebrachter Schriftarten ausbrechen, wirken oft
sehr dekorativ und machen aus jedem Lettering ein
Unikat.

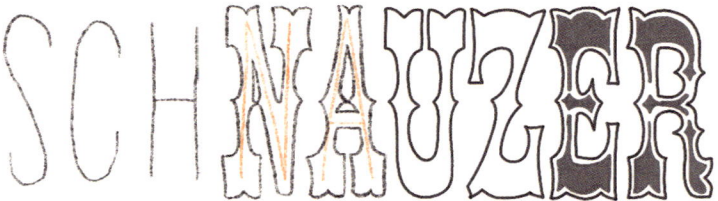

Derart geformte Serifen im Zusammen-
spiel mit den spitzen, seitlichen Verzierungen erinnern sofort an eine Western-
oder Zirkusschrift.

Jeder Buchstabe ist ganz frei gestaltet
und schmiegt sich dabei an seine Nachbarn an.

Gewusst wie: Im Übungsheft zeige ich
Ihnen ab Seite 7, wie Sie diesen Look
ganz einfach hinbekommen. Die Pünkt-
chen und Striche sind dabei natürlich
optional!

An all diesen Beispielen sehen Sie, dass die Schriftzüge mit einer ganz einfachen Bleistiftskizze begonnen
wurden. Dieses Buchstabenskelett stellt die Buchstabenform in aller Einfachheit dar – ein gutes Mittel, um sich
beim Ausgestalten der Buchstaben daran zu orientieren.
Näheres dazu können Sie ab Seite 48 nachlesen.

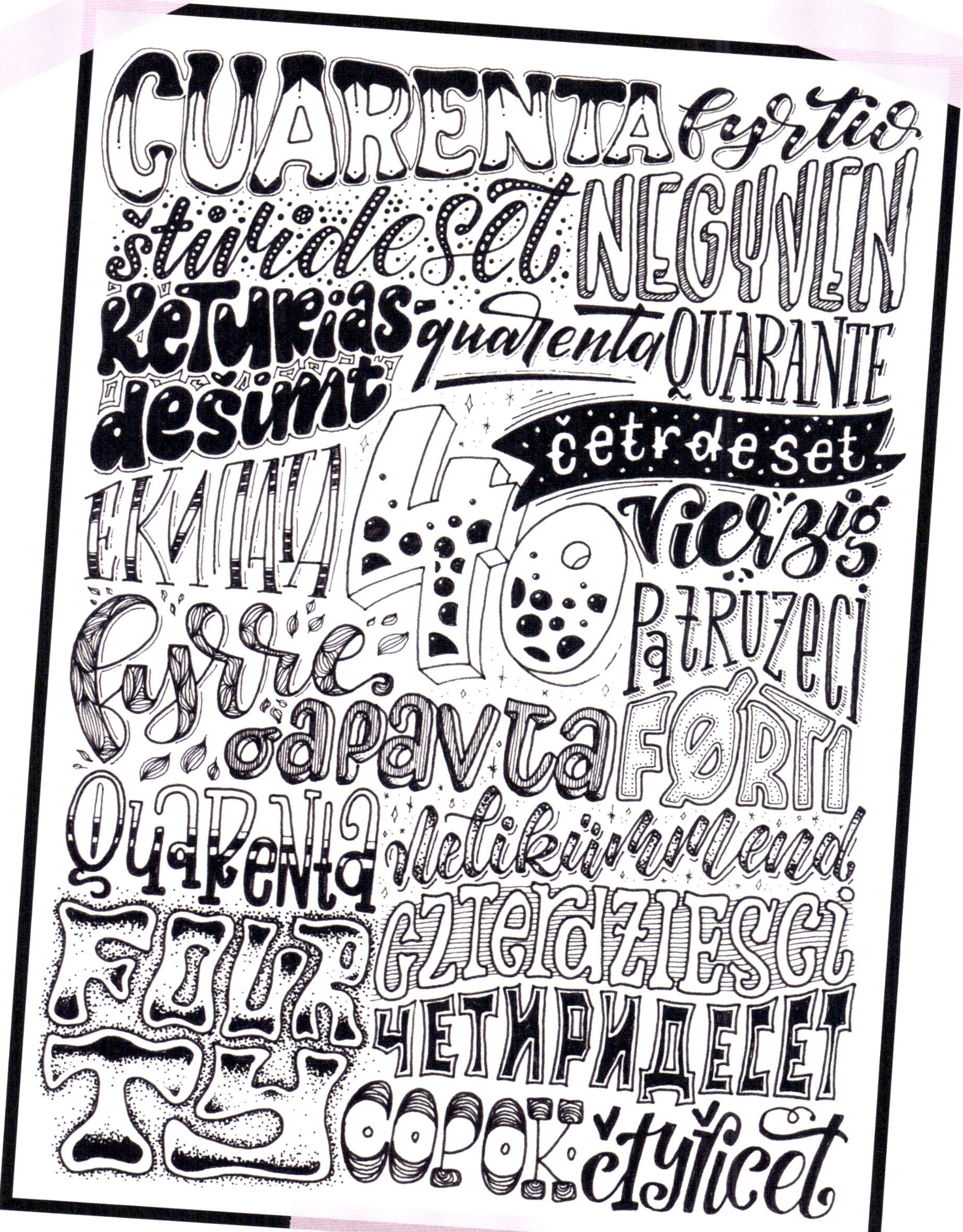
CUARENTA
fyrtio
štirideset
NEGYVEN
keturiasdešimt
quarenta
QUARANTE
četrdeset
40
vierzig
patruzeci
σαραντα
FØRTI
Quarenta
CZTERDZIESCI
ЧЕТИРИДЕСЕТ
сорок
čtyřicet

Serifenlose Großbuchstaben

Die Reise durch die Welt der Schriftarten beginnt bei mir immer bei serifenlosen Großbuchstaben – den sogenannten Grotesk-Schriften. Die serifenlosen Großbuchstaben kommen ganz ohne Schnörkel oder sonstige Zugaben daher und wir können uns allein auf die Form konzentrieren.

Damit lassen sich viele Grundlagen erklären, die auch für andere Schriftstile gelten. Die wichtigste Grundlage, die ich Ihnen mitgeben möchte: Sie können jede Schriftart nach Ihren Wünschen abwandeln. Warum das wichtig ist? Das Verformen von Buchstabenstrichen ist ein wichtiges Mittel, um Ihre Layout-Komposition überzeugend in Szene setzen zu können.

Das probieren wir jetzt gleich einmal in einer ersten Aufwärmübung mit einem Fineliner und einem Karomuster als Unterstützung aus. Sie sehen hier je einen Buchstaben des Alphabets in jedem Kästchen.

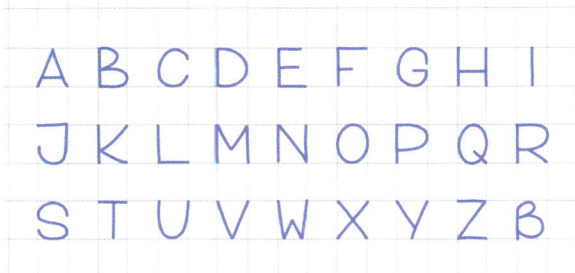

Sehen Sie sich die Buchstaben genau an, auch wenn dieses Alphabet auf den ersten Blick unspektakulär aussieht. Erscheint das Q neben dem R nicht etwas klein? Und wirkt das A für Sie auch schmaler als das J? Nicht alle Buchstaben sind gleich breit – spätestens beim I wird klar, dass ein Karomuster sich nicht in jedem Fall optimal als Hilfsraster eignet.

Wir halten es einfach und bleiben bei den Kästchen, jetzt sind diese aber deutlich schmaler.

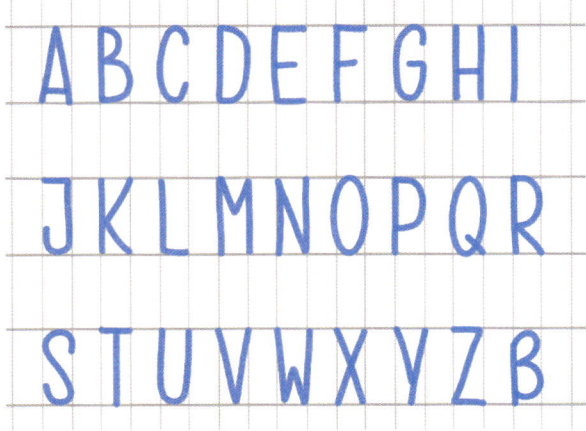

Ist es Ihnen aufgefallen? Schon allein durch die kleine Änderung der Kästchenbreite entwickeln Sie eine andere Schriftart.

Neben der Buchstabenhöhe gibt es jedoch noch weitere Details, die Sie manipulieren können. Damit Sie wissen, welche Teile aus der Anatomie eines Buchstabens genau gemeint sind, können Sie die folgende Übersicht anschauen:

Jetzt, wo wir uns über die genauen Begriffe einig sind, können wir unsere Schriftart weiter variieren. Erkennen Sie an den folgenden Beispielen, was ich gemacht habe? Kleiner Tipp: Achten Sie auf die Position der Querstriche bei A und H, auf den Ansatz der Schenkel bei K und R sowie auf den Schweif bei Q. Die Punzen verändern sich dann zusammen mit den Buchstaben, da die Ecken abgerundet sind.

Sie können den Charakter Ihrer Schrift also verändern, ohne ein Alphabet auswendig zu lernen. Wählen Sie für Ihre Buchstaben bestimmte Eigenschaften wie besonders breit, abgerundete Ecken, hohe Querstriche. Führen Sie die Buchstaben dann konsequent mit diesen Merkmalen aus.

Beim Handlettering haben Sie die Freiheit, die Buchstaben wie im obigen Beispiel nach Ihren Wünschen zu verformen. Für Ihre Fertigkeiten in Sachen Komposition ist es eine sehr gute Übung, zunächst nur mit einfacher, serifenloser Schrift zu arbeiten. Sie schulen Ihr Auge für Proportionen und entwickeln Ideen für neue Formen, während Sie wenig Mühe für die Ausgestaltung der Buchstaben aufwenden müssen.

DIE

ENTFERNUNG

RUINIERT KEINE BEZIEHUNGEN.

ZWEIFEL

TUN ES.

Schriftschnitt

Ein Schriftschnitt ist eine Variante einer bestimmten Schriftart. Als im Bleisatz noch kleine Metallformen zum Drucken dienten, musste jeweils ein neuer „Schnitt" Buchstaben her, wenn man einen Textteil fett, kursiv oder besonders schmal drucken wollte. Beim Handlettering können Sie ein- und dieselbe Schriftart ebenfalls dick, schräg oder ganz fein malen.

Die wohl einfachste Art, eine Schrift dicker zu malen, ist, einen Stift mit größerer Strichstärke zu verwenden.

Das Beispiel zeigt eine Kombination aus feinen und stärkeren Strichen – die Schriftart für „dick" und „dünn" ist aber die gleiche. Ein dicker Filzstift ist ein sehr gutes Mittel, fette Schriften zu erzeugen. Es geht schnell und ist unkompliziert. Sie können die Schrift genauso variieren wie bisher gelernt.

Einen tollen Look können Sie erzeugen, indem sie die runden Strichendungen mit einem Fineliner begradigen. Mit weißen Highlights wird der Schriftzug plastisch.

Kursiv, also schräggestellt, werden Ihre Buchstaben dann, wenn die Buchstabenachsen nicht senkrecht zur Grundlinie stehen, sondern leicht geneigt sind.

Strichstärke und Kontrast

Beim Handlettering reicht es, drei verschiedene Strichstärken zu unterscheiden: dünn, mittel und dick. Als einfache Faustregel kann man sich merken, dass ein Strich dann dünn ist, wenn seine Breite etwa 10 Prozent der Buchstabenhöhe beträgt. Mittel ist er bei 20 Prozent und dick, wenn ein einzelner Strich fast halb so dick ist wie die Gesamthöhe des Buchstabens (40 Prozent). Bei extrem hohen oder breiten Buchstabenformen passen diese Zahlen natürlich nicht – das Verhältnis ist entscheidend.

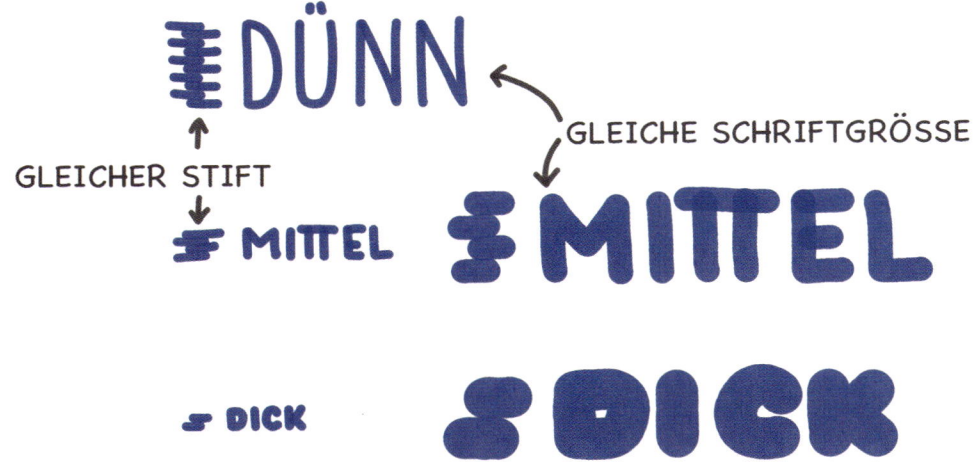

An diesem Beispiel sehen Sie, dass die Strichstärke immer relativ zur Buchstabengröße zu verstehen ist. Ein- und derselbe Filzstift, mit dem Sie eben noch dicke, kleine Lettern gemalt haben, kann im Großformat für zarte Linien in einem Monoline Lettering sorgen.

Wenn Sie keinen geeigneten Stift haben, der in einem Zug die gewünschte Strichbreite erreicht, müssen Sie Linien selbst verdicken und ausmalen.

Durch die Verwendung unterschiedlicher Strichstärken erzeugen Sie innerhalb Ihres Letterings einen Kontrast. Dicke Striche drängen nach vorne und sind sehr präsent, dünne Linien treten in den Hintergrund. Denken Sie bei der Gestaltung Ihres Layouts also bei der Schriftwahl immer auch an die von Ihnen festgelegte Hierarchie: Je wichtiger das Wort, desto größer kann die Strichstärke sein.

DIE

ENTFERNUNG

RUINIERT KEINE BEZIEHUNGEN.

ZWEIFEL

TUN ES.

Kombination von dick und dünn

Mit der Variation von Strichstärken lässt sich ebenfalls der Kontrast innerhalb der Buchstaben beeinflussen. Von keinem oder geringem Kontrast spricht man, wenn eine konstante Strichstärke innerhalb der Buchstaben vorliegt. Je stärker die Strichstärken innerhalb des Buchstabens voneinander abweichen, desto höher wird der Kontrast.

GERINGER KONTRAST

MITTLERER KONTRAST

HOHER KONTRAST

EXTREM

In diesen Beispielen bleiben die dünnen Linien unverändert, während die Verdickung immer extremer wird. Obwohl die zugrunde liegende Schriftart die gleiche ist, entstehen auf diese Weise verschiedene Looks. Sie können sich die entstandene Buchstabenform sogar zunutze machen, um die dicken Buchstabenteile mit Mustern zu füllen, wie beim „XYZ" zu sehen ist.

Das Spiel mit der variablen Strichstärke wird beim Brush Lettering besonders deutlich. Durch festeres Aufdrücken der flexiblen Spitze eines Brush Pens oder eines Pinsels wird ein dicker Strich erzeugt. An anderen Stellen werden feine Linien gezeichnet, indem der Stift ohne Druck über das Papier geführt wird. Diesen hohen Kontrast können Sie natürlich auch mit Bleistift, Fineliner oder Filzstift imitieren. Das Brush Lettering sehen wir uns ab Seite 32 genauer an, die Imitation der kontrastreichen Schreibschrift, die „Faux Calligraphy", auf Seite 31.

Wer die Grundlagen des Brush Letterings beherrscht, hat es leichter, die Variation der Strichstärke mit Bleistift oder Fineliner nachzuahmen oder gar zu übertreiben.

Weitere Schriftarten mit unterschiedlichen Strichstärken können Sie ganz einfach selbst erfinden, indem Sie die Buchstabenstriche an geeigneten Stellen verdicken. Das folgende Alphabet zeigt Ihnen, welche Striche üblicherweise dicker gemalt werden als ihre Nachbarn.

A B C D E F G H I J K L M
N O P Q R S T U V W X Y Z

Serifenschrift

Alles, was Sie bisher gelernt haben – von den anatomischen Begriffen der Buchstaben über verschiedene Schriftschnitte bis hin zum Kontrast – trifft auch auf Serifenschriften zu. Zusätzlich zu den bisherigen Gestaltungsmöglichkeiten kommen nun noch die Serifen hinzu. Serifen sind die kleinen Strichabschlüsse, die Sie in verschiedenen Formen und Größen an den meisten Buchstaben einer Serifenschrift vorfinden.

Anhand des folgenden Alphabets können Sie die Stellen ausmachen, an denen Serifen üblicherweise vorzufinden sind.

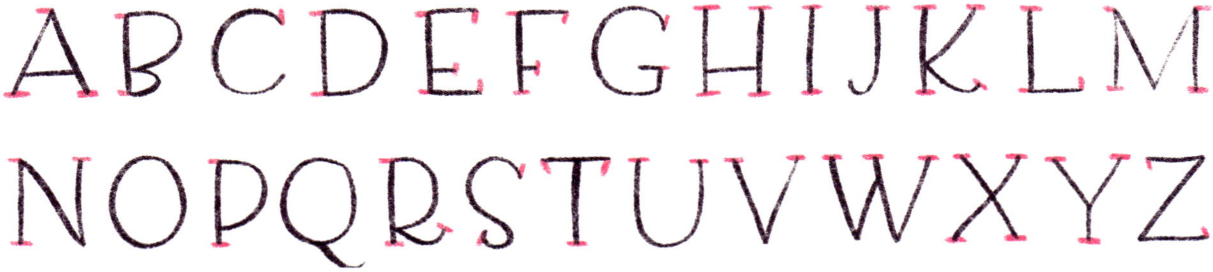

ABCDEFGHIJKLM
NOPQRSTUVWXYZ

Dabei können die Serifen ganz unterschiedliche Formen annehmen:

ABCDEF
GHIJKLM
NOPQRST
UVWXYZ

Serifenschriften malen

Eine Serifenschrift skizzieren Sie zuerst einmal genauso wie eine serifenlose Schrift. Die Serifen können Sie ganz zum Schluss an die Strichendungen anhängen – sofern Sie ausreichend Platz eingeplant haben. Oder Sie planen Ihre Serifen direkt mit ein. Verwenden Sie jedoch bei der ersten Skizze noch keine Zeit auf deren Ausgestaltung. Es kann gut sein, dass Sie mehrere Anläufe brauchen, um die Buchstaben nach Ihren Wünschen zu platzieren und zu formen.

Der einfachste Strichabschluss ist ein einfacher Querstrich, gezeichnet mit einem Fineliner. Diesen zu variieren ist nicht schwer, wie das Beispiel „Hera" zeigt.

Eine andere einfache Variante verändert den Look Ihrer Schriftart enorm: Malen Sie dicke Rechtecke als Serifen!

Runden Sie nun noch die Verbindung zwischen Serife und Buchstabenstrich ab, erhalten Sie die so genannte Kehlung.

Freie Strich- und Serifenformen

Sie ahnen es vielleicht schon: Da Sie die Form Ihrer Serifen selbst erfinden können, stehen Ihnen unendlich viele Möglichkeiten offen. Und da die Serifen einen sehr großen Einfluss auf das Aussehen Ihrer Schrift haben, kreieren Sie praktisch mit jeder neuen Serifenform eine eigene Schriftart. Im Übungsheft auf Seite 18 finden Sie weitere Anleitungen und Hilfestellung dazu.

Das Beispiel der Zirkusschrift zeigt, dass es zu einigen Serifenformen auch Assoziationen gibt, die Menschen heutzutage sofort mit dem Gesehenen in Verbindung bringen. Sie können diesen Effekt noch verstärken, indem Sie die Buchstabenstriche ebenfalls – passend zu den Serifen – ausgestalten.

Sie können beispielsweise kleine Dreiecke oder Halbkreise in die Mitte der vertikalen und diagonalen Striche setzen. Für Zirkusschriften ist dies ganz typisch, aber auch für Western-Schriftarten wird diese Art der Dekoration gern genutzt. Experimentieren Sie sowohl bei Serifenschrift als auch bei serifenlosen Buchstaben mit den Strichformen.

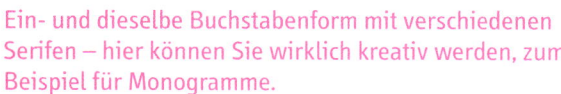

Ein- und dieselbe Buchstabenform mit verschiedenen Serifen – hier können Sie wirklich kreativ werden, zum Beispiel für Monogramme.

Zuletzt möchte ich Ihnen eine sehr schöne Möglichkeit zeigen, Ihre Großbuchstaben in kleine Kunstwerke zu verwandeln. Verlängern Sie nämlich die Buchstabenstriche an geeigneten Stellen und lassen diese in schönen Schwüngen oder Kringeln auslaufen, erhalten Sie ein sehr vielseitiges Dekoelement. Sie können damit Weißräume füllen, einen Rahmen gestalten oder gar einen Ankerpunkt für weitere Illustrationen schaffen. Das könnten beispielsweise Blätter und Blumen an einem Kringel sein.

Zwischen L und O entsteht naturgemäß ein relativ großer Weißraum. Mit einer entsprechenden Gestaltung der Serifen können Sie dem gut entgegenwirken. Mehr zu Weißräumen können Sie ab Seite 51 lesen.

Tipp

Beim Handlettering haben Sie die Freiheit, Serifen wegzulassen oder umzuformen, sollte es mal zu eng werden. Umgekehrt können Sie Serifen auch dazu benutzen, unerwünschte Leerräume zu füllen.

Kleinbuchstaben

Beim Handlettering können Sie durchaus ohne Kleinbuchstaben auskommen. Selbst wenn Sie einen langen Spruch ausschließlich unter Verwendung von Majuskeln lettern, können Sie mit Größe und Dicke der Buchstaben so spielen, dass der Text gut leserlich, verständlich und schön anzusehen ist. Großbuchstaben haben gegenüber Kleinbuchstaben den Vorteil, dass alle Schriftzeichen bis zur Versalhöhe reichen, wodurch sich eine schöne, gerade Kante ergibt. Vergleichen Sie die Optik der beiden folgenden Letterings:

Im linken Beispiel ist die Oberkante klar definiert, da alle Buchstaben gleich hoch sind. Mit diesem Lettering könnten Sie einen Geschenkanhänger oder ein kleines Grußkärtchen füllen und dabei den Platz voll ausnutzen.

Am kleinen t des zweiten Beispiels sehen Sie, wie ein einzelner Buchstabe aus dem ganzen Gebilde herausragen kann. Außerdem braucht das g wegen seiner Unterlänge nach unten hin mehr Platz, was bei der Gestaltung des Letterings berücksichtigt werden muss.

Verzichten müssen Sie auf Kleinbuchstaben natürlich nicht. Sie sind nämlich eine zusätzliche Möglichkeit, Abwechslung in Ihre Letterings zu bringen.

Variationen einfacher Kleinbuchstaben

Sie können Kleinbuchstaben ebenso variieren wie ihre großen Pendants: Spielen Sie mit Proportionen, Schriftschnitt, Kontrast und Serifen. Alles, was Sie bisher mit Großbuchstaben geübt haben, lässt sich auch auf Kleinbuchstaben anwenden.

abcdefghijklmnopqrstuvwxyz
abcdefghijklmnopqrstuvwxyz
abcdefghijklmnopqrstuvwxyz
abcdefghijklmnopqrstuvwxyz

Darüber hinaus gibt es noch weitere Variationen. Beim kleinen a etwa haben Sie zwei verschiedene Grundformen zur Auswahl: Es kann offen oder geschlossen sein. Diese Grundformen haben sich aus den Großbuchstaben entwickelt und sind jeweils beide gültig. Beim kleinen g haben Sie die Möglichkeit, die Unterlänge links oder rechts an das Oval anzuhängen.

Auch andere Kleinbuchstaben können Sie verschiedenartig ausformen, wie die Beispiele zeigen:

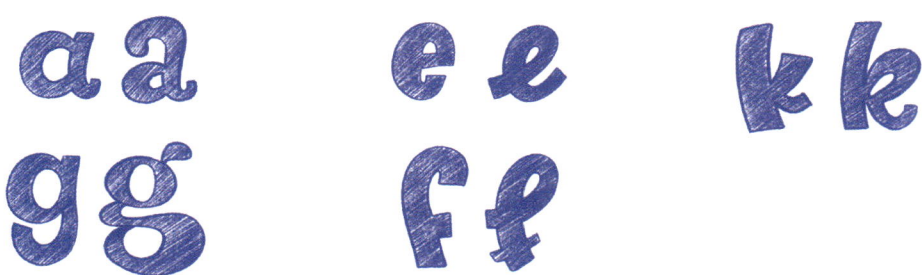

Welche der beiden Varianten Sie in Ihrem Lettering verwenden, bleibt ganz Ihnen überlassen. Abgesehen vom persönlichen Geschmack kann bei der Wahl auch der Platz eine Rolle spielen, der für diesen Buchstaben zur Verfügung steht. Das erste a bei „Papa" fügt sich gut unter das P ein, während das zweite a viel Raum hat, um in die Höhe zu wachsen.

Hier sehen Sie weitere Möglichkeiten, mit den Grundformen von Kleinbuchstaben zu spielen. Zu den Serifen als Gestaltungselement gesellen sich Tropfen und Kreise.

Schreibschrift

Im Gegensatz zu Druckbuchstaben sind die einzelnen Schriftzeichen der Schreibschrift miteinander verbunden. Auch wenn die Schreibschrift aussieht, als wäre sie in einem Zug geschrieben, gestalten wir die Buchstaben beim Handlettering Strich für Strich.

Verbundenheit

Verbundenheit

Bei jedem neuen Strich habe ich die Farbe gewechselt, um Ihnen zu zeigen, dass der Stift tatsächlich immer wieder vom Papier abgehoben wird. Trotzdem wirkt das Wort wie in einem Zug geschrieben, da die Ansatzpunkte nicht zu erkennen sind.

Um die Buchstaben miteinander zu verbinden, gibt es zwei Möglichkeiten: Entweder lassen Sie diese sich überlappen oder Sie statten sie mit Verbindungsstrichen aus. Es kommt darauf an, wie die Buchstaben geformt sind. Endet der Buchstabe, wie das a in unserem Beispiel, mit einem Aufstrich, können Sie den nächsten Buchstaben einfach andocken.

ae   ae   ae

Die Herausforderung hierbei ist, das Ende des Abstrichs möglichst genau zu treffen. Übermalen Sie den Abstrich, wird es zwischen den Buchstaben zu eng: Der Weißraum verkleinert sich. Lassen Sie den Abstand zu groß, verbinden sich die Buchstaben nicht und Sie müssen die Lücke nachträglich korrigieren.

Wenn der Aufstrich am Ende eines Buchstabens fehlt, malen Sie einfach einen geeigneten Verbindungsstrich. Versuchen Sie keinesfalls, die Buchstaben einfach dicht aneinander zu rücken – das verschlechtert die Lesbarkeit. Achten Sie darauf, die Weißräume zwischen den Buchstaben möglichst einheitlich zu halten.

Das folgende Beispiel zeigt drei verschiedene Möglichkeiten, Buchstaben bei ein und derselben Schreibschrift zu verbinden. Sicher fällt Ihnen sofort auf, dass Sie allein mit den Verbindungsstrichen das Aussehen der Schrift drastisch verändern können.

Noch ein wichtiger Punkt in Sachen Kleinbuchstaben bei Schreibschriften: Ähnlich den verschiedenen Ausprägungen bei Druckbuchstaben gibt es auch bei der Schreibschrift unterschiedliche Varianten für verschiedene Buchstaben.

wundervoll

wundervoll

wundervoll

s   s   s

f   f   f

z   z   z

r   r   r

Monoline Script

Schreibschriften, die keinerlei Variation in ihrer Strichstärke aufweisen, sind schnell gemalt, erfordern allerdings etwas Übung. Sie kommen umso besser zur Geltung, je gleichmäßiger Ihnen die Buchstabenachsen und Weißräume gelingen. Lassen Sie sich von den ersten Versuchen nicht abschrecken! Schon nach einigen konzentrierten Minuten Übung werden Sie feststellen, dass ein gleichmäßiger Rhythmus beim Setzen der Striche ungemein hilft.

Verwenden Sie für Monoline-Schriften einen möglichst dicken Fineliner oder einen Filzstift. Damit Ihre Buchstaben schön gleichmäßig werden, sollten Sie sich die Grundlinie, die x-Höhe sowie die Versalhöhe vorzeichnen. Auch Hilfslinien für die Buchstaben-achsen können nicht schaden.

VERSALHÖHE

X-HÖHE

GRUNDLINIE

Wie immer können Sie mit den Proportionen spielen, um einen anderen Look zu erzeugen. Variieren Sie die x-Höhe, den Winkel der Buchstabenachsen oder die Größe der Weißräume.

Tipp

Erstellen Sie sich ein Linienblatt. Sie können es auch im Internet herunterladen und ausdrucken. Dieses Blatt legen Sie dann unter das Papier, auf dem Sie lettern und nutzen die durchscheinenden Linien als Orientierungshilfe. So können Sie das Blatt immer wieder verwenden und müssen keine Hilfslinien wegradieren.

Versuchen Sie nicht, ganze Worte in einem Zug zu schreiben. Malen Sie stattdessen einzelne Striche in einem gleichmäßigen Rhythmus von Auf und Ab. Heben Sie nach jedem Strich den Stift für einen Moment vom Papier. Die Buchstabenachsen sollten so parallel wie möglich werden.

Mit Schnörkeln, Schlaufen und Bögen können Sie Ihr Monoline Lettering wunderbar ausschmücken. Denken Sie jedoch an die Lesbarkeit und übertreiben Sie es nicht mit der Deko. Man sollte die Buchstaben nicht in einem Gewirr aus Schlangenlinien suchen müssen.

Faux Calligraphy

Mit einem einfachen Trick können Sie einen Kontrast innerhalb Ihrer Schrift erzeugen: Verstärken Sie sämtliche Abstriche mit einem zusätzlichen Strich in beliebigem Abstand. So imitieren Sie die Unterschiedlichkeit der Strichstärke, die in der Kalligrafie durch weniger oder – bei abwärts gezeichneten Strichen – mehr Druck auf die Schreibfeder entsteht. Daher stammt übrigens auch der Begriff Faux Calligraphy, was übersetzt „falsche Kalligrafie" bedeutet.

Am besten geht es, wenn Sie jeden Abstrich sofort nach dem Malen verstärken. So stellen Sie sicher, genug Platz für die dicker werdenden Buchstaben zu haben. Lettern Sie hingegen erst ihr ganzes Wort und fügen dann den Faux-Calligraphy-Effekt hinzu, laufen Sie Gefahr, zu viel von Ihren Weißräumen übermalen zu müssen.

Die Faux Calligraphy einzusetzen macht übrigens nicht nur dann Sinn, wenn Sie keinen Brush Pen oder Pinsel zur Hand haben. Mit der starren Spitze des Fineliners erreichen Sie ohne Mühe feine Haarlinien, die mit dem Brush Pen deutlich schwieriger zu erzeugen sind. Außerdem können Sie den Unterschied zwischen dicken und dünnen Linien ganz nach Belieben steuern.

Sie können die Verdickungen auch mit Mustern füllen.

Brush Lettering

Für diese Technik benotigen Sie einen Brush Pen, dessen flexible Spitze Ihnen die Regulierung der Strich-stärke während des Malens erlaubt. Durch die Erhöhung oder Verringerung des Drucks, mit dem Sie den Stift über das Papier führen, kontrollieren Sie die Breite der gemalten Linie.

Ebenso wie die Faux Calligraphy orientiert sich auch das moderne Brush Script an der klassischen Kalligrafie: Abstriche werden dick, Aufstriche dünn gemalt. Mit etwas Übung gelingen bei Ovalen und Bögen schöne Übergänge zwischen dick und dünn.

Trotz gleicher Schriftart erhalten Sie beim Malen von Buchstabenformen der „Monoline Script" (s. Seite 29) eine ganz neue Variante. Natürlich gibt es etliche schöne Schreibschriftvarianten, die Sie einsetzen können. Die Brush Pens lassen sich aber auch für Druckbuchstaben einsetzen. Alle bisher gelernten Schriftarten bekommen durch den Einsatz flexibler Pinselspitzen einen neuen Look.

Erkennen Sie das Lettering von Seite 16 wieder? Diesmal hat es einen höheren Buchstabenkontrast sowie einen 3D- und Schatteneffekt.

Frakturschrift

Frakturschriften sind im Handlettering am einfachsten mit Stiften zu bewerkstelligen, die eine Keilspitze haben. Ebenfalls sehr gut geeignet sind so genannte Parallel Pens, die eine flache, breite Spitze – ähnlich einer Bandzugfeder – haben und hierüber gleichmäßig Tinte abgeben. Wichtig ist, dass man mit diesem Werkzeug dunne und dicke Linien zeichnen kann. Dazu hält man den Stift stets im gleichen Winkel, während die Linie je nach Schreibrichtung variiert. Einfach ist das allerdings nicht – wie beim Brush Lettering braucht es jede Menge Übung mit dem Werkzeug, bis es wirklich gut gelingt.

Ehren-Urkunde

Für das Handlettering ist es nicht unbedingt nötig, gotische Schriften einzustudieren und das Schreiben mit einer Bandzugfeder zu erlernen. Wir können uns stattdessen die typischen Charakteristika der Frakturschriften ansehen und versuchen, diese ohne viel Aufwand mit einem Fineliner nachzuahmen. Sie können nämlich eine Anmutung von keltischen oder mittelalterlichen Schriften erzeugen, indem Sie einfachen Buchstabenformen bestimmte Bausteine hinzufügen.

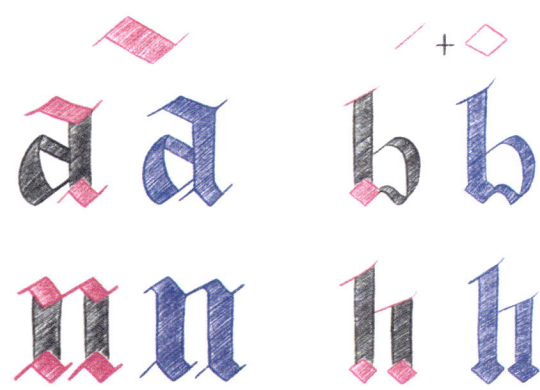

Zahlen und Sonderzeichen

Zahlen und Sonderzeichen können Sie ebenso lettern und verändern wie Buchstaben. Wandeln Sie die Proportionen ab, verdicken Sie Abstriche und fügen Sie nach Wunsch Serifen, Tropfen und Schnörkel hinzu. Ich zeige Ihnen einige Beispiele, bin aber sicher, dass Sie viele weitere, eigene Ideen entwickeln, wenn in Ihrem Lettering Zahlen vorkommen.

Ligaturen und Verformungen

Eine Ligatur ist die Verschmelzung zweier Buchstaben zu einer so genannten Glyphe. Dadurch sollen zu große Lücken oder zu eng zusammenstehende Buchstabenteile vermieden werden. Im folgenden Beispiel sehen Sie ein typisches Problem, das sich ergibt, wenn Sie zwei Buchstaben mit Oberlänge nebeneinander malen möchten. Entweder berühren sie sich fast oder es entsteht ein unschöner Weißraum zwischen den beiden. Eine mögliche Lösung dieses Problems ist die Ligatur.

Können Sie das Wort "fit" auf Anhieb erkennen?

Hier sehen Sie ein typisches Beispiel für eine Ligatur, wie sie beispielsweise im Buchdruck Anwendung findet. Beim Handlettering ist bei derartigen Verschmelzungen allerdings Vorsicht geboten – gerade bei kürzeren Worten sollten Sie sicherstellen, dass sich die Lesbarkeit nicht verschlechtert:

Hier findet auch eine Verschmelzung statt, die Lesbarkeit ist im Vergleich zum vorigen Bild jedoch deutlich besser.

Das Platzproblem können Sie beim Handlettering oft auf dekorative Art lösen, ohne auf die althergebrachten Ligaturen zurückgreifen zu müssen. Nutzen Sie Ihre Freiheit, die Buchstaben nach Ihren Wünschen verformen zu können, um neue Möglichkeiten für Verschmelzungen zu finden. Nicht nur benachbarte Buchstaben lassen sich dann aneinanderfügen. Sie können mit selbstbewussten Schwüngen weit größere Strecken überwinden und kreieren dabei automatisch auch neue Buchstabenformen.

Weingarten

Mit untypischen Ligaturen wird Ihr Lettering wirklich einzigartig. Aber übertreiben Sie es nicht, sonst wirkt es eventuell zu sehr konstruiert. Die Ligatur soll Ihr Lettering verschönern, aber nicht die ganze Aufmerksamkeit auf sich ziehen.

bitte

stop

breathe

geht doch

Wenn Sie schwungvolle Buchstaben mit dem Brush Pen malen, bieten sich bestimmte Ligaturen geradezu an. Vielleicht malen Sie bereits ganz automatisch einen langen Querstrich durch zwei benachbarte t. Denken Sie aber auch zwischen den Zeilen! Unterlängen können Sie beispielsweise in einen anderen Buchstaben in der darunterliegenden Zeile münden lassen.

3 Das Layout

Schritt für Schritt zu einer gelungenen Komposition

Sie haben auf den vorhergehenden Seiten verschiedene Ansätze kennengelernt, Schriftarten mit unterschiedlichen Werkzeugen zu gestalten. Von Druckbuchstaben über Skript-Schriftarten bis zu mittelalterlich anmutenden Schriftzeichen haben Sie nun ein wirklich großes Repertoire an Buchstabenformen und wissen, wie Sie eigene Schriftformen entwickeln können. Im Laufe der Zeit wird sich Ihre persönliche Schriftartensammlung sogar noch erweitern. Gleichzeitig werden sich gewisse Lieblingsbuchstaben und -schriftarten manifestieren.

Ein reines Sammelsurium an Schriftarten bringt Sie in Sachen Handlettering jedoch kaum weiter als eine umfangreiche Liste von Fonts auf Ihrem Computer. Der nächste wesentliche Schritt ist die Kombination dieser Stile zu einem gut lesbaren Lettering, das Ihre Aussage unterstreicht und schön anzusehen ist. Deshalb wollen wir nun die erlernten Bausteine zu einer stimmigen Gesamtkomposition vereinen.

Anhand eines Lettering-Projekts zeige ich Ihnen, wie Sie dabei am besten vorgehen. Wir werden einen Spruch in eine sinnvolle, hierarchische Struktur bringen, eine ausgewogene Anordnung finden und eine geeignete Auswahl für Schrift und Dekoration treffen. Vollziehen Sie diese Schritte am besten mit einem eigenen Spruch nach oder machen Sie die Übung mit exakt dem gleichen Lettering nach. Führen Sie jeden einzelnen Schritt wirklich auf Papier durch, bevor Sie zum nächsten blättern – durch das Anwenden lernen Sie die Konzepte am schnellsten. Wiederholen Sie diese Übung mit weiteren Sprüchen, um sich den Prozess noch besser einzuprägen.

Hier sehen Sie sieben Sprüche, aus denen Sie für dieses Projekt einen auswählen können:

Beim Lettern kann man
nicht traurig sein

Das Lettern ist eine Therapie.
die die Seele befreit

Ich kann Buchstaben
tanzen lassen

Ein geletterter Spruch sagt mehr
als eine Buchseite

Ein Lettering ist eine Komposition
aus Unikaten

Handlettering ist
komprimierte Kreativität

Handlettering macht die Bedeutung
der Worte sichtbar

Das "Was" entscheidet über das "Wie"

Das erste, was Sie tun sollten, nachdem Sie sich für einen Spruch oder Text entschieden haben, ist, diesen zu interpretieren. Damit ist nicht gemeint, dass Sie jede Aussage des Dalai Lama in ihrem Kern verstehen müssen, bevor Sie sie lettern können. Vielmehr geht es darum, das Wichtige vom Unwichtigen zu unterscheiden. Erinnern Sie sich an die Hierarchiestufen (s. Seite 7) innerhalb eines Textes? Genau diese Hierarchie gilt es jetzt für unseren Text festzulegen.

Zum Glück ist dies gar nicht kompliziert. Am einfachsten ist es, den Text aufzuschreiben und zuerst das wichtigste Wort – oder, je nach Textlänge, die wichtigsten Worte – dick zu unterstreichen. Wenn Ihr Spruch mehrere Hierarchiestufen hergibt, es also Sinn macht, in drei Gruppen zu unterteilen (sehr wichtig, mittel, unwichtig), dann tun Sie dies.

ICH KANN BUCHSTABEN TANZEN LASSEN

Wenn Sie feststellen, dass das wichtigste Wort ganz am Anfang oder Ende Ihres Spruches steht oder Ihnen die Anordnung der Elemente aus den verschiedenen Hierarchiestufen nicht gefällt, ziehen Sie in Erwägung, ihn umzuformulieren. Manchmal ist es besser, einen Satz ein bisschen anders auszudrücken, als sich an den genaueren Wortlaut zu klammern und dafür ein schwächeres Layout hinzunehmen. Außerdem ist die Chance groß, dass Sie auf diese Weise ein wirkliches Unikat kreieren, da Ihr umformulierter Spruch so vielleicht noch nie gelettert wurde.

Beispiel:

Das war ich nicht! Es war das Einhorn!

Umformuliert:

Das war ich nicht! Das Einhorn war es!

Wenn Dir langweilig wird, schmeiß Konfetti!

Umformuliert:

Wenn Dir langweilig wird, hilft Konfetti schmeißen!

Oder:

Gegen Langeweile hilft Konfetti schmeißen!

Jetzt sind Sie dran!

Suchen Sie einen Spruch aus – auf Seite 37 finden Sie geeignete Beispiele. Sie können natürlich auch einen eigenen Spruch für dieses Projekt verwenden. Schreiben Sie den Spruch in Druckbuchstaben auf ein Blatt Papier und unterstreichen Sie die wichtigsten Worte mit einem dicken Strich. Dieser symbolisiert die oberste Hierarchiestufe. Reicht Ihnen die Unterscheidung zwischen wichtig und unwichtig noch nicht aus, malen Sie eine gestrichelte Linie unter die Worte der Hierarchiestufe 2.

Format

✗ Quadrat

✗ Rechteck (horizontal oder vertikal)

✗ Polygon (Dreieck, Fünfeck usw.)

✗ Kreis

✗ Ellipse (horizontal oder vertikal)

Für welches Format Sie sich entscheiden, hängt von Ihren persönlichen Vorlieben ab, kann aber auch vom Text beeinflusst werden. Da wir uns hauptsächlich auf Sprüche, also ein oder zwei kurze Sätze beschränken, können wir das Format frei wählen. Gibt es innerhalb Ihres Textes jedoch ein vergleichsweise langes Wort, das Sie auf keinen Fall umbrechen, also trennen möchten, ist ein horizontal ausgerichtetes Rechteck die bessere Wahl.

Außerdem können Sie diese Grundformen zu weiteren schönen Formaten kombinieren, wie die folgenden Beispiele zeigen. Aber beachten Sie: Je ausgeklügelter die Form, desto mehr beschränkt sie sich auf den ausgewählten Spruch. Ein Kreis mit einem Querbalken setzt beispielsweise mehr oder weniger voraus, dass das wichtigste Wort sich irgendwo in der Mitte des Textes befindet. Denn wenn nach dem Wort im Balken kein Text mehr „übrig" ist, muss der untere Halbkreis anders visualisiert werden.

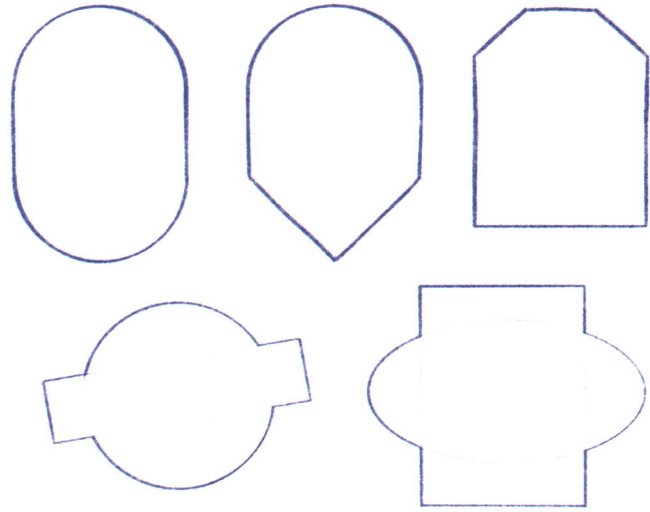

Freie Formate

Natürlich können Sie sich auch ganz andere, freie Formate ausdenken, die nicht aus den geometrischen Grundformen zusammengestellt sind. Es macht Spaß, mit unterschiedlichen Silhouetten zu spielen und diese mit Schrift zu füllen. Experimentieren Sie ruhig und wenden Sie alles hier Gelernte auch innerhalb komplexerer Formen an.

für immer dein

Tipp

Wenn Sie Ihre Buchstaben nicht an jeder Stelle so verformen möchten, dass sie die gewählte Form gut ausfüllen, streuen Sie einfach kleine, geometrische Objekte oder Punkte in die schwer zu erreichenden Stellen. Das Auge komplettiert die Form automatisch und erkennt die Kontur.

Mädchen mit Träumen werden zu Frauen mit Visionen

Jetzt sind Sie dran!

Suchen Sie ein Format aus und zeichnen Sie dieses etwa drei Finger breit auf ein Blatt Papier. Damit haben Sie den Raum für eine Miniaturskizze festgelegt. Nehmen Sie Ihren hierarchisch gegliederten Spruch zur Hand – im nächsten Schritt werden wir Wort-Blöcke innerhalb der von Ihnen aufgezeichneten Grenzen anordnen.

Achsen und Blöcke

In der Abbildung sehen Sie von Rahmen umgebene Beispiele. Jeder Textbaustein, sowohl die Buchstaben als auch die Worte, können von rechteckigen Blöcken umrahmt werden. Ein Block definiert die äußere Hülle des Elements, wobei die obere und untere Begrenzung dabei helfen, die Achse zu erkennen. Das Beispiel „Wind" zeigt dabei, dass die Buchstabenachsen nicht unbedingt parallel zur Mittelachse des umgebenden Blocks sind!

Sie können das von Ihnen gewählte Format für Ihr Lettering ebenfalls als Block mit vertikaler Mittelachse betrachten. Stellen Sie sich dazu noch eine horizontale Mittelachse vor, die das Format in zwei Hälften teilt. Bis auf das Quadrat und den Kreis, dessen Mittelachsen jeweils gleich lang sind, haben alle Formate eine längere (dominante) und eine kürzere Achse. Das Ziel ist, die Komposition entlang der dominanten Achse auszurichten.

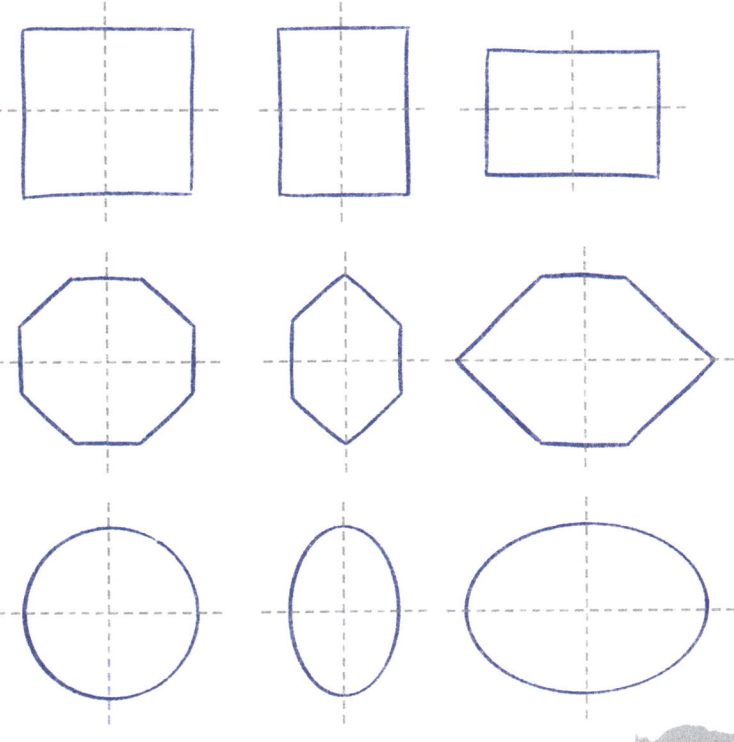

Der Schnittpunkt beider Achsen ist die optische Mitte. Es ist immer eine gute Idee, den Kern des Letterings, also den wichtigsten Textteil, direkt auf der optischen Mitte zu platzieren. Wenn das nicht möglich ist, sollte der Hauptteil so nah wie möglich an der optischen Mitte liegen. Oder aber Sie unterteilen Ihr Lettering in kleinere Unterformate, die ihre eigene optische Mitte haben.

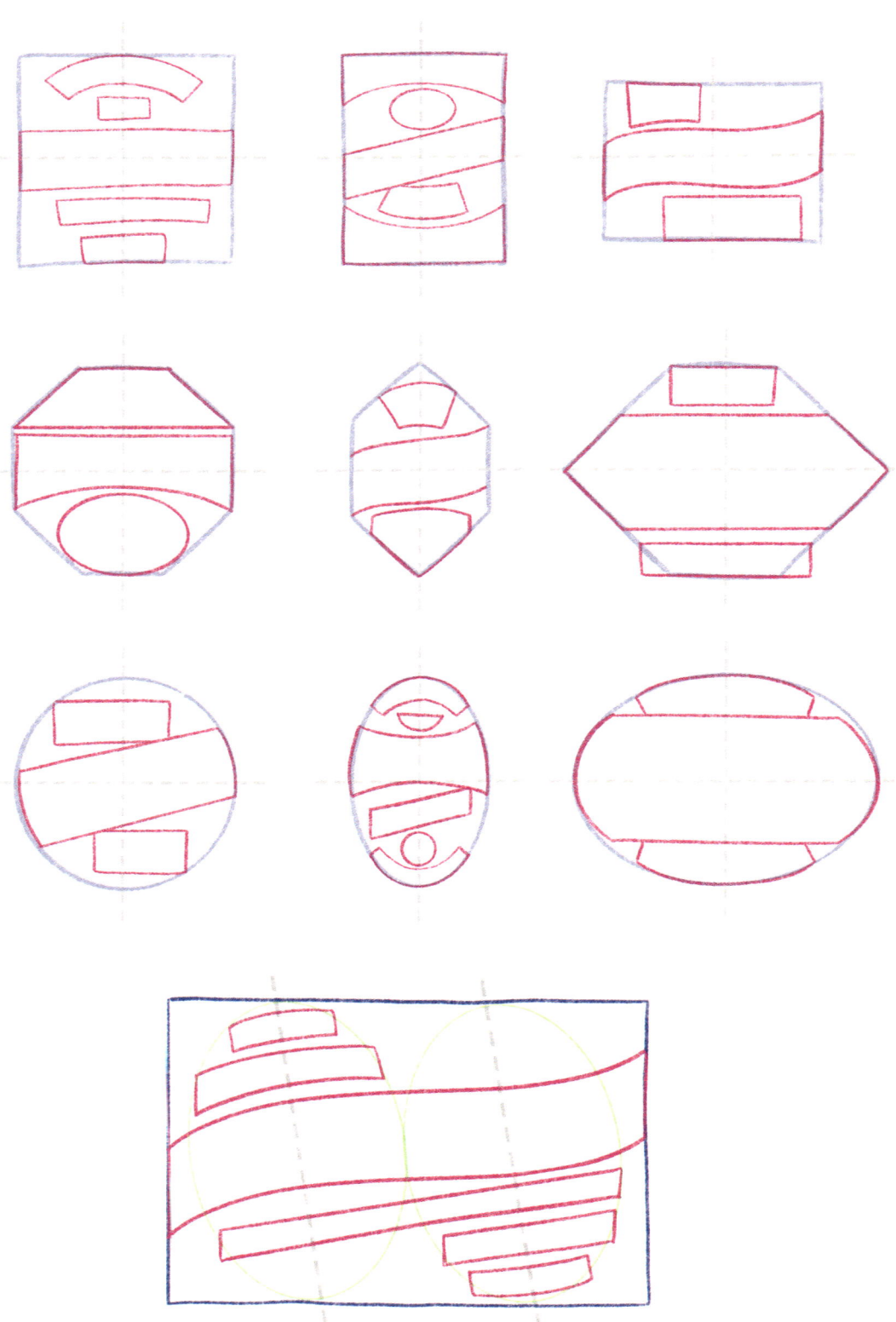

Platzieren Sie innerhalb Ihrer Formatskizze zunächst die beiden Mittelachsen. Ordnen Sie nun entlang der dominanten Mittelachse rechteckige Blöcke an. Denken Sie dabei stets an die Hierarchie, die Sie bereits erarbeitet haben und geben Sie den wichtigen Worten deutlich mehr Platz. Dazu müssen Sie entsprechend große Blöcke für die Worte der Hierarchiestufe 1 und kleinere Bereiche für Füllworte zeichnen.

Sie können mehrere Worte in einen Block packen oder für jedes Wort einen einzelnen Block zeichnen. Probieren Sie mehrere Möglichkeiten aus, sodass Sie mindestens vier verschiedene Miniaturskizzen für denselben Spruch erarbeiten.

ICH KANN BUCHSTABEN
TANZEN LASSEN

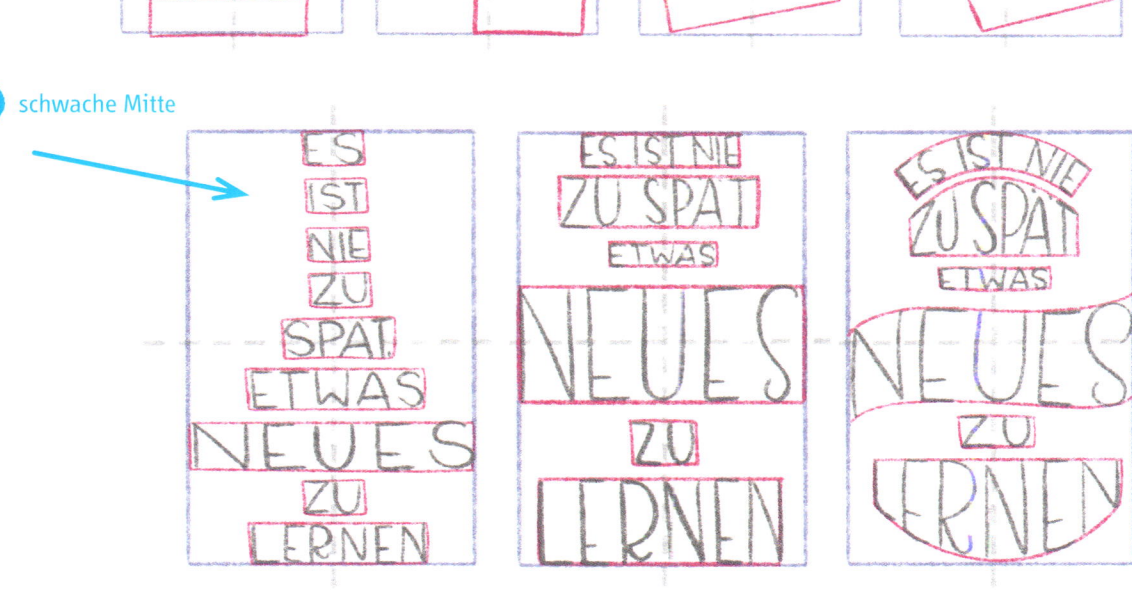

! schwache Mitte

In der einfachsten Anordnung liegen alle Mittelachsen aufeinander. Dies kann zu einem sehr ansprechenden Design führen und ist im Handlettering weit verbreitet. Setzt sich Ihr Spruch aber aus kurzen wie auch langen Worten zusammen, denen Sie jeweils eine eigene Zeile spendieren, entsteht eine schwache Mitte. Um diesem Effekt entgegenzuwirken, setzen Sie mehrere kurze Füllworte in eine Zeile. Spielen Sie zusätzlich mit den Proportionen und Formen der Blöcke, um ein noch spannenderes Layout zu erzeugen.

Auswahl und Kombination von Schriftarten

Als Handlettering-KünstlerIn stehen Sie immer vor der Frage, welche Schriften Sie auf welche Art kombinieren möchten. Das Thema Hierarchiestufen haben wir bereits angesprochen – Wichtiges sollte sich von Unwichtigem abgrenzen, damit sich die Hauptaussage beim ersten Lesen erfassen lässt. Kleine, dünne Buchstaben werden großen, dunklen Lettern sofort untergeordnet. Doch was bedeutet das für die Schriftarten, die Sie für Ihr Lettering wählen?

Die Antwort lautet: Die Schriftarten sollten nicht miteinander konkurrieren! Sie dürfen sich also nicht zu ähnlich sein. Die Kombination einer einfachen Schreibschrift mit einem Brush Script macht beispielsweise wenig Sinn. Auch kursiv geschriebene Kleinbuchstaben neben einer geneigten Schreibschrift sind nicht die beste Wahl. Die Buchstabenformen sind zu sehr miteinander verwandt und neben der offen bleibenden Frage nach der Hierarchie lässt auch die Ästhetik zu wünschen übrig. Selbst wenn die Schriften an sich schön gelettert sind, wird das Gesamtbild nicht als harmonisch empfunden.

Reduzieren Sie also die Ähnlichkeiten so weit wie möglich, damit die Schriftarten nicht um die Aufmerksamkeit des Lesers kämpfen müssen. Grundsätzlich können Sie Unwichtiges immer kleiner und dünner lettern, während das höhere Gewicht der wichtigen Worte sich in fetteren, größeren und/oder aufwendigeren Schriftarten widerspiegelt.

Wählen Sie zu einer verspielten Schreibschrift, die Sie mit dem Brush Pen gelettert haben, klar definierte, feine Druckbuchstaben. Zu fetten Serifen kann sich ein breit gezogenes Monoline Script gesellen. Kombinieren Sie kursive Buchstaben mit solchen, die vertikale Achsen haben. Mischen Sie jedoch nicht unterschiedliche Schriftarten aus der gleichen Schriftfamilie – es verwirrt den Betrachter und sieht meistens nicht gut aus.

So können Sie unterschiedliche Schriften kombinieren:

fein und geschwungen mit dick und geradlinig

Monoline Script mit Ballonbuchstaben

dünn und hoch mit breiter Serifenschrift

Es reicht allerdings nicht, von geradlinigen Buchstaben auf eine schnörkelige Schreibschrift zu wechseln. Auch der Kontrast und die Größe der Worte sollten unterschiedlich sein, damit der Betrachter sofort klare Strukturen erkennen kann. Die folgenden Beispiele zeigen, wie ein schwacher Kontrast die an sich gute Schriftwahl durch fehlende Abgrenzung zunichte macht. Links sind beide Schriftzüge fett gelettert, beide wollen die Hauptrolle spielen.

Ganz einfach und mit dünnen Linien gelettert, überlässt das „Hip Hip" rechts dem „Hurra" die Show. Das Gesamtbild wirkt interessanter und der Leser weiß, welches Wort wichtig ist.

Welche Schriftart Sie welchem Textbaustein zuordnen, ist dabei natürlich ebenso wichtig wie die stilistische Entscheidung selbst. Die Worte, die Ihnen mit zusammengekniffenen Augen als erstes ins Auge springen, stehen auf der Hierarchiestufe 1. Das sind also die fettesten, größten oder dunkelsten Gebilde innerhalb Ihres Letterings. Je kleiner und feiner die Buchstaben gemalt sind, desto mehr rücken diese in den Hintergrund.

Vergleichen Sie die Wirkung der folgenden beiden Beispiele. Welche gefällt Ihnen besser?

Tipp

Die Strichstärke verleiht einem Wort mehr Gewicht als die Buchstabenhöhe. Denken Sie also immer an ausreichenden Kontrast. Wenn Ihnen dickere Buchstabenstriche nicht ausreichen, können Sie den Text auch wie in einem Negativ umkehren. Dann malen Sie eine Form aus und belassen die Buchstaben weiß.

Sie wissen nun, welche Schriftarten Sie gern nebeneinander sehen. In der Praxis ergeben sich noch weitere Faktoren, die eine Rolle spielen:

Wie viel Platz haben Sie? Ist Ihr wichtigstes Wort sehr lang, während der restliche Text relativ kurz ist, werden Sie keine extra-breiten Buchstaben in eine Zeile bekommen. Ist das Hauptwort jedoch sehr kurz, muss es durch eine markante Schriftart in Szene gesetzt werden.

Wie viel Zeit wollen Sie investieren? Es gibt Schriftarten, die zwar sehr schön sind, aber auch einen immensen Aufwand erfordern. Suchen Sie sich nur dann Blockbuchstaben mit einem filigranen Füllmuster aus, wenn Sie auch die Geduld aufbringen, es zu malen.

Sie kennen nun Ihren Text samt Hierarchie und Layout und wissen, welche Worte in einer dominanteren Schriftart erscheinen sollen. Zeichnen Sie auf einem neuen Skizzenblatt die einzelnen Blockformen vor, die Sie diesen Worten in Ihrem Layout zugewiesen haben und passen Sie die Schrift darin ein. Testen Sie so die verschiedenen Schriftarten aus, die Sie sich für dieses Projekt vorstellen können.

Haben Sie bereits Übung darin, die ausgesuchten Schriftarten zu lettern, können Sie diesen Schritt natürlich überspringen. Berücksichtigen Sie aber in jedem Fall auch die Wortbedeutung bei Ihrer Auswahl. Visualisieren Sie die Schrift zumindest vor Ihrem geistigen Auge und prüfen Sie, ob die Wirkung der Schriftart mit der Aussage des Textes übereinstimmt.

Wenn Sie jedoch eine neue Schriftart ausprobieren möchten, empfehle ich Ihnen, diese schnellen Probeskizzen wirklich auszuführen. Jede Buchstabenkombination ist einzigartig und Sie können so schnell feststellen, ob es Problemzonen oder auch Chancen für Ligaturen oder sonstige Spielereien gibt. Außerdem können Sie später den Platzbedarf für eben dieses Wort mit jener Schrift sehr gut einschätzen. Skizzieren Sie die Worte der ersten Hierarchiestufe in mindestens zwei verschiedenen Schriftarten. Wenn Sie möchten, probieren Sie auch für den restlichen Text weniger dominante Schriftarten aus.

Tipp

Sollten Sie mitten im Wort merken, dass Sie mit dem Platz innerhalb des Blocks nicht auskommen, widerstehen Sie der Versuchung, zu radieren. Zeichnen Sie das Wort entweder trotzdem zu Ende — dann wissen Sie zumindest, dass Sie beim nächsten Mal deutlich kleiner lettern müssen. Oder aber Sie zeichnen den Block einfach noch einmal neu. Das geht oft schneller als das Radieren.

Buchstabenskelett und Layoutskizze

Die Layoutblöcke geben Ihnen einen Anhaltspunkt für die Größe und Ausrichtung der Buchstaben. Sie haben für jedes Wort nur begrenzt Platz, müssen Weißräume berücksichtigen und wollen verschiedene Schriftarten einsetzen. Verlieren Sie sich jedoch nicht schon zu Beginn in Details! Zunächst geht es darum, den Text in die Blöcke einzupassen.

Dazu zeichnen wir zunächst nur das Buchstabenskelett. Damit ist die Grundform der Buchstaben gemeint, die mit einfachen Bleistiftlinien die grundlegende Form und Position der Buchstaben beschreibt. Hier ein einfaches Beispiel dazu:

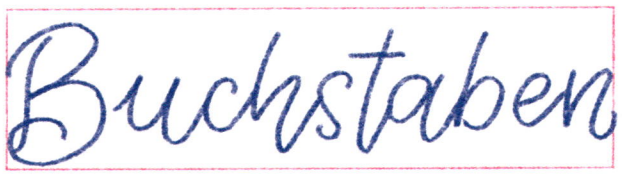

Es ist einfacher, das Buchstabenskelett in einen Block einzupassen als komplett ausgeformte Buchstaben. Allerdings sollten Sie schon eine ungefähre Vorstellung von den Buchstaben haben, die sich später aus dem Skelett heraus entwickeln sollen. Die Stellen, an denen Sie besonders lange Beine oder große Bögen haben möchten, machen Sie schon mit dem Skelett deutlich. Werden die Buchstaben im Anschluss besonders fett, muss ausreichend Platz für das „Fleisch" am Skelett vorhanden sein.

Jetzt sind

Sie dran!

Nehmen Sie die Layout-Variante, für die Sie sich entschieden und die Sie im Miniaturformat gezeichnet haben. Diese kleine Version ermöglicht es Ihnen, eine schnellere Skizze anzulegen, als dies im endgültigen Format möglich wäre. Skizzieren Sie darin jetzt die Buchstaben zunächst als Buchstabenskelett, um die Schriftzeichen in die Blöcke einzupassen. Stellen Sie fest, dass Ihnen ein Block zu klein oder zu groß geraten ist, macht das gar nichts. Die Umrisse stellen nur eine Richtlinie dar und sind keine strikte Grenze. Sie haben die Freiheit, Ihre Buchstaben so zu platzieren, wie es Ihnen gefällt.

Formen Sie nun die Schriftzeichen aus und schraffieren Sie die freien Flächen der Buchstaben oder malen Sie diese grob aus. Um das Gewicht der Buchstaben wirklich einschätzen zu können, ist es wichtig, nicht nur mit Umrissen zu arbeiten. In dieser Skizze können Sie auch verschiedene Deko-Varianten wie Tropfen, Strahlen oder Schnörkel ausprobieren.

Bevor Sie dem Skelett das Fleisch geben, also die Striche an den gewünschten Stellen verbreitern und ausformen, kontrollieren Sie die Winkel der Buchstabenachsen. Die Neigung sollte möglichst bei allen Buchstaben einer Schriftart gleich sein. Aber auch über das gesamte Lettering hinweg sollte es nicht zu viele verschiedene Winkel geben. Sonst könnte Ihr Lettering schnell etwas wild und unharmonisch wirken.

Nachdem Sie das Layout mit verschiedenen Schriftarten gefüllt haben, wiederholen Sie diese Miniaturskizze noch mindestens zwei weitere Male mit anderen Schriftkombinationen. Scheuen Sie diesen Schritt nicht, es geht mit etwas Übung recht schnell. Und bitte bleiben Sie auch weiterhin im Skizziermodus! Es geht nicht um Details, sondern darum, die Kombination Ihrer Schriften schnell einschätzen zu können und etwaige Schwierigkeiten aufzudecken. Dieser Schritt soll schnell gehen und Ihnen Aufschluss darüber geben, welche Ihrer Ideen am besten funktioniert.

Nachdem Sie drei bis vier verschiedene Kombinationen probiert haben, wählen Sie wieder Ihren Favoriten. Bevor Sie Ihr Lieblingslayout auf die richtige Größe übertragen, sollten Sie jedoch über die Wichtigkeit der Weißräume Bescheid wissen.

Weissraum

Als Weißraum gelten die Teile des Letterings, die nicht bemalt sind. Dazu gehören der Rand um das Lettering herum bis zum Blattrand, der Platz zwischen Buchstaben und Wörtern ebenso wie die Leerräume innerhalb der Buchstaben, die Punzen.

Es ist ein wichtiges Gestaltungselement, das Ihr Lettering hervorheben und die Lesbarkeit des Textes erheblich verbessern sollte. Im Lettering-Beispiel rechts sind die größten Weißräume gelb ausgemalt.

Der Weißraum zwischen den Worten ist wichtig, um diese voneinander abgrenzen zu können. Unser Auge sucht beim Lesen ständig Lücken zwischen zwei Buchstabenketten, um die einzelnen Worte zu identifizieren. Dauert es zu lange, die zusammengehörenden Buchstaben als solche zu erkennen, gerät das Lesen ins Stocken.

Aus demselben Grund sollten Sie auch zu große Weißräume zwischen Buchstaben vermeiden. Sonst wirkt das Wort zerstückelt und unharmonisch. Das Bespiel zeigt gleich drei Fehler, die auf mangelnde Weißräume zurückzuführen sind. Erkennen Sie sie?

Sie haben bemerkt, dass der Buchstabenabstand zwischen den Worten im obigen Lettering viel zu schmal ist, das Wort „Anlauf" nicht zusammenhängend wirkt und das ganze Lettering zu sehr in sein Format gezwängt ist? Wie sich diese Fehler beheben lassen, zeigt das nebenstehende Beispiel:

Kerning

Zugegeben, das letzte Negativbeispiel auf S. 51 ist natürlich überdeutlich konstruiert – oft ist die Unausgewogenheit der Weißräume viel subtiler. Wenn man dann seine fertige Skizze ansieht, kann es schwierig sein, die richtigen Optimierungsmöglichkeiten in Sachen Buchstaben- und Wortabstand zu finden. Abhilfe kann hier das sogenannte Kerning schaffen – so nennt man in der Typografie die Korrektur des Buchstabenabstands.

Damit Sie den Weißraum zwischen den Buchstaben besser einordnen können und ihn nicht mit dem Buchstabenabstand verwechseln, schauen wir uns ein weiteres Beispiel an. Der Einfachheit halber habe ich den Buchstabenabstand hier einfach auf Null gesetzt – die Außenkanten der Buchstaben liegen aufeinander. Und doch entstehen durch die verschiedenen Buchstabenformen ganz unterschiedliche Weißräume. Beim Vergleich der ersten Worthälfte mit der zweiten wird dies sofort deutlich.

Selbst mit einem kleinen, gleichmäßigen Buchstabenabstand sieht das Wort nicht viel besser aus. Zwar kleben jetzt die hinteren Buchstaben nicht mehr aneinander, der Weißraum im ersten Wortteil hat sich jedoch noch mehr vergrößert.

Mit Hilfe des Kernings, also der Korrektur des Buchstabenabstands, können wir durch das Zusammenschieben der problematischen Buchstabenkombinationen viel verbessern.

Beim Handlettering gibt es viele weitere Möglichkeiten, so mit den Buchstaben zu spielen, dass die Weißräume die gewünschte Größe bekommen. Sie können nicht nur die Abstände verändern, sondern auch die Buchstaben verformen, Schnörkel und Dekoelemente einsetzen, Serifen verbiegen und Querstriche verlängern. Übertreiben müssen Sie es mit dem Austarieren der Weißräume aber nicht. Es ist nicht notwendig, hier perfektionistisch zu werden – es reicht aus, allzu große Löcher zu vermeiden.

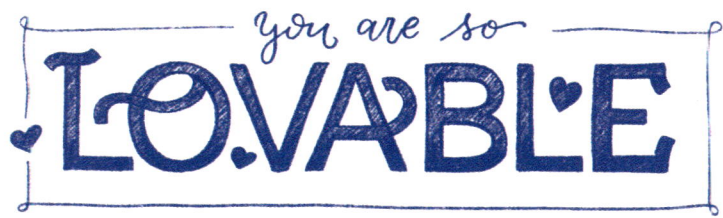

Im vorigen Schritt haben Sie verschiedene Kompositionen ausprobiert und einen Favoriten gewählt. Kontrollieren Sie diesen nun auf korrekte Weißräume. Sie können die Skizze direkt verfeinern oder Sie legen eine neue Skizze an.

Vielleicht entdecken Sie noch weitere Möglichkeiten für interessante Ligaturen, kleine Illustrationen oder Streumuster. Dies ist ein guter Zeitpunkt für Experimente! Nehmen Sie sich etwas Zeit, um Ihre Ideen auszuprobieren. Bleiben Sie dabei immer noch im Miniaturformat, um zügig zu Ergebnissen zu kommen. Sollten Ihnen jedoch einige Details zu klein sein, testen Sie einfach diese Ausschnitte im großen Format. Das Beispiel zeigt, wie ich Ideen für die Ligatur zwischen t und a im Wort „tanzen" erarbeitet habe.

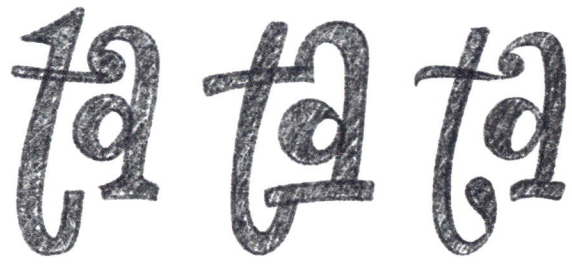

Denken Sie auch hier daran, dickere Buchstaben mit einer Bleistiftschraffur zu füllen, sodass Sie nicht nur die Konturen Ihrer Buchstaben sehen. Wenn Sie die Buchstaben ausmalen, können Sie prüfen, wie sich die Kontraste innerhalb Ihres Letterings verhalten und ob Ihr Layout die gewünschte Hierarchie widerspiegelt. Ihre beste Miniaturskizzen nehmen wir im nächsten Schritt für die Skizze in Originalgröße.

4 Das Layout vorbereiten

Auf den vorhergehenden Seiten haben wir bereits über den Weißraum gesprochen. Innerhalb des Letterings ist er wichtig, um Buchstaben und Worte voneinander abgrenzen zu können. Der Weißraum, den Ihr Lettering einschließt, darf aber auch nicht zu groß sein, damit das Layout noch als zusammenhängend wahrgenommen wird. Der Weißraum soll nicht in den Vordergrund treten, sondern sich zugunsten der Schrift zurücknehmen. Dies gelingt, wenn der Weißraum innerhalb des Letterings kleiner ist als der ihn umgebende Rahmen.

Das Beispiel links zeigt ein Lettering, das sich in einem zu engen Rahmen ausbreitet: Um diesem Missverhältnis zu begegnen, habe ich das Verhältnis des Weißraums innerhalb und außerhalb des Ovals verändert. Die Weißräume zwischen den Worten wurden kleiner, indem ich die Buchstaben vergrößert und Kreise dazu gemalt habe. Dadurch ist ein besserer visueller Zusammenhang entstanden. Das Oval selbst hat nun einen merklich größeren Abstand zu den Bildrändern. Mit etwas Luft drumherum wirkt es viel besser, finden Sie nicht?

Das endgültige Format

Jetzt sind

Sie dran!

Zeichnen Sie mit Hilfe eines Lineals, Zirkels oder einer Schablone das von Ihnen gewählte Format (Quadrat, Rechteck, Kreis oder Ellipse) auf ein neues DIN-A4-Skizzenpapier. Skalieren Sie es so, dass dessen Außenkanten einen ausreichend großen Abstand zum Papierrand haben – vier Zentimeter sind ein gutes Richtmaß. Positionieren Sie dabei ihre Formatskizze mittig auf der horizontalen Achse, verschieben Sie das Gebilde auf der vertikalen Achse jedoch etwas nach oben – etwa ein Zentimeter genügt. Der Grund dafür ist einfach: Mittig platziert wirkt ein Format für den Betrachter etwas zu tief. Durch die Verschiebung nach oben rücken Sie Ihre Grafik in die optische Mitte. Zeichnen Sie zum Schluss die Blöcke Ihres favorisierten Layouts ein.

Nun haben Sie dank Ihrer ausgezeichneten Vorarbeit eine klare Vorstellung vom Aufbau Ihres Letterings. Daher wird Ihnen das Skizzieren der Buchstaben keine allzu große Mühe mehr machen. Nutzen Sie Ihr Wissen über die ausgewählten Schriftarten, um weitere Hilfslinien dort einzuzeichnen, wo es angebracht ist. Möchten Sie beispielsweise alle Querstriche und Bäuche Ihrer serifenlosen Schrift auf einer Linie platzieren, zeichnen Sie diese ein. Brauchen Sie Hilfe, um dieselbe Buchstabenneigung einzuhalten, zeichnen Sie auch hierfür Hilfslinien. Lettern Sie auch Kleinbuchstaben, kann eine Linie für die x-Höhe unterstützen.

Sie müssen nicht alle Hilfslinien sofort einzeichnen. Aber denken Sie an diese Möglichkeit, sobald Sie sich einen neuen Block vornehmen. Eine zarte Linie ist schnell gemalt, hilft jedoch ungemein, da man sich beim Zeichnen auf eine Sache weniger konzentrieren muss.

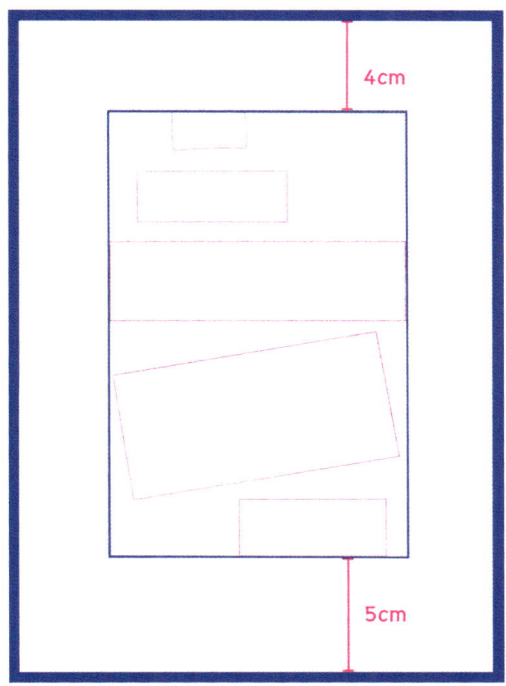

Das Beispiel zeigt meine Hilfslinien für die letzte Skizze sowie das eingezeichnete Buchstabenskelett. Ich orientiere mich zwar am ausgewählten Layout und der Schriftkombination, für die ich mich zuletzt entschieden habe. Trotzdem nehme ich mir die Freiheit, auch hier noch Änderungen vorzunehmen und neue Ideen einzuarbeiten. Das Wort „Buchstaben" beispielsweise lettere ich diesmal auf einer gebogenen Grundlinie. Die Schnörkel gefallen mir so auch besser als in der Miniaturskizze.

Positionieren Sie Ihren Spruch innerhalb der von Ihnen vorbereiteten Layout-Blöcke. Zeichnen Sie die Buchstaben zunächst mit einem harten Bleistift vor, ohne dabei zu fest aufzudrücken. Arbeiten Sie jetzt noch keinerlei Details aus. Im Moment geht es darum, die Buchstaben innerhalb ihrer Blöcke korrekt anzuordnen, ohne sie zu quetschen oder in die Breite ziehen zu müssen. Erst wenn alle Buchstaben ihren Platz gefunden haben, feilen Sie die Besonderheiten der ausgewählten Schriftarten aus.

Tipp

Sie können Ihre Buchstaben direkt auf das vorbereitete Layout platzieren. Wenn Sie aber ein Lightpad oder Transparentpapier zur Hand haben, legen Sie ein frisches Blatt auf Ihre Layout-Blöcke. So können Sie das Layout später für weitere Entwürfe wiederverwenden.

Sind Sie mit Ihrer Skizze fertig? Dann ist es ratsam, sie mit ausgestreckten Armen vor sich zu halten und zu betrachten. Es kann helfen, das Blatt um 180 Grad zu drehen, um Unstimmigkeiten in der Komposition zu erkennen. Kontrollieren Sie die Hierarchie, die Weißräume und die Lesbarkeit Ihres Letterings. Gefällt Ihnen das Resultat?

Die Reinzeichnung

An dieser Stelle, ob Sie es glauben oder nicht, haben Sie die Hauptarbeit bereits bewerkstelligt. Es gab bis hierhin viele Details zu berücksichtigen – angefangen vom Inhalt und der Hierarchie Ihres Spruchs über das richtige Format für das Lettering bis hin zur Auswahl und Gestaltung verschiedener Schriftarten. Die Reinzeichnung, also die Übertragung der Skizze auf ein fertiges, sauberes Gesamtkunstwerk ist der entspannteste Teil. Ab jetzt ist vor allem handwerkliches Geschick gefragt!

In Ihrer Skizze ist „der Strich daneben" durchweg erlaubt. Es darf gekritzelt, grob schraffiert und radiert werden, was das Zeug hält. Bei der Reinzeichnung jedoch arbeiten Sie mit Stiften, deren Farbauftrag sich nicht mehr vom Papier entfernen lässt: Einmal gesetzt, bleibt der Strich von Fineliner oder Brush Pen dort, wo er ist.

Bevor es an die Reinzeichnung geht, empfehle ich Ihnen deshalb, erst einmal Ihren Arbeitsplatz ein wenig aufzuräumen. Sie sollten genug Platz haben, das Blatt zu drehen. Die benötigten Stifte sollten bereit liegen, Radiergummikrümel vom Tisch gefegt sein.

Nun können Sie sich auf den ruhigen und bewussten Prozess der Reinzeichnung einlassen. Am einfachsten lässt sich Ihre Skizze auf ein sauberes Blatt qualitativ hochwertigen Papiers übertragen, wenn Sie einen Leuchttisch besitzen. Dies ist eine von unten beleuchtete Fläche, auf die Sie Ihre Skizze und obenauf ein weißes Blatt Papier legen, um das durchscheinende Lettering quasi abzupausen. Alternativ können Sie sich an einen Glastisch setzen und eine Schreibtischlampe darunterstellen. Haben Sie beides nicht zur Verfügung oder ist Ihr gutes Papier zu dick oder dunkel, um die Konturen der darunterliegenden Skizze zu erkennen, übertragen Sie die Außenkanten Ihrer Buchstaben am besten mit Hilfe von Durchschlagpapier.

Tipp

Zeichnen Sie die Konturen Ihrer Skizze mit einem Fineliner nach, um die Vorzeichnung besser erkennen zu können. Besonders dann, wenn Sie einen harten Bleistift zum Skizzieren verwendet haben, ist dieser Schritt eine große Hilfe.

Je nach Strichstärke und -art werden Sie bei der Reinzeichnung verschiedene Stifte wie Fineliner und Brush Pens einsetzen. Möchten Sie große Bereiche ausmalen, zeichnen Sie zuerst die Umrandung mit einem Fineliner und füllen die Fläche anschließend mit einem dickeren Stift. Für dicke Monoline-Schriften verwenden Sie am besten einen dicken Filzstift, anstatt die Linie mit einem Fineliner mehrfach nachzufahren.

etzt sind
ie dran!

Jetzt geht's an den letzten Schritt Ihres ersten Lettering-Projekts. Fertigen Sie in Ruhe Ihre Reinzeichnung an und genießen Sie den Prozess. Sie haben bereits viel Arbeit investiert und nun winkt der krönende Abschluss. Viel Spaß dabei!

ICH KANN Buchstaben tanzen LASSEN

UND WAS IST DEINE SUPERKRAFT?

Layoutblöcke

Verschiedene Blockformen

Das erste Lettering-Projekt in diesem Buch ist ganz aus rechteckigen Grundformen entstanden. Schon hier gibt es unzählige Kombinationsmöglichkeiten im Hinblick auf die Anordnung der Blöcke, die Wahl der Schriftarten und der Dekoration mit zusätzlichen Elementen. In diesem Kapitel lernen Sie weitere Blockformen kennen, die jede Menge Abwechslung in Ihre Layouts bringen.

Schräger Block

Die wohl einfachste Variante ist der schräg gestellte Block. Eine angenehm lesbare Schrift, die nicht vom Blatt zu fallen scheint, erreichen Sie mit einer Neigung der Buchstaben von 10 bis 15 Grad. Zeichnen Sie, wenn Sie mögen, auch die x-Höhe sowie die Unterlänge mit ein.

Sie können diesen Block ganz leicht variieren, indem Sie die Ober- oder Unterkante horizontal verlaufen lassen. Sie finden beide Varianten unter dem schrägen Block.

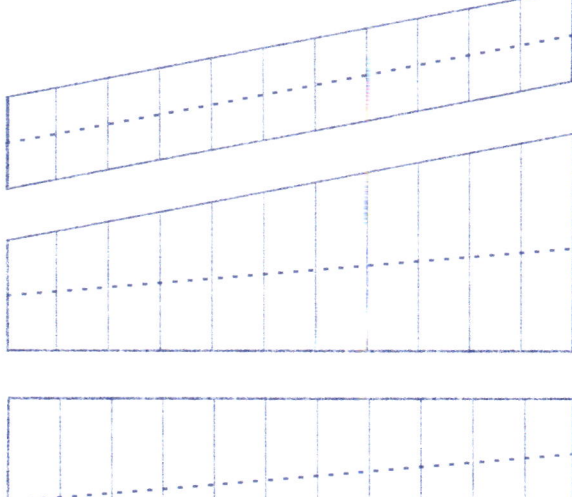

Tipp

Malen Sie die Buchstabenachsen nicht senkrecht zu der Grundlinie, die sich durch den schräg gestellten Block ergibt. Sonst drohen die Buchstaben optisch nach links herunterzukippen. Besser ist es, vertikale Hilfslinien zu ziehen, die der Achse Ihres Formats folgen.

Wichtig ist aber, dass die Querstriche ebenso wie die Serifen der Grundlinie folgen. Außerdem sollten Sie besonders breite Buchstaben wie H, M oder W etwas schmaler dimensionieren, weil diese sonst wegen der Verzerrung zu breit wirken.

Flagge

Die Flagge ist dem schrägen Block im Prinzip sehr ähnlich. Allerdings sind die Grund- und x-Linie sowie die Versalhöhe geschwungen. Auch hier ist es wichtig, die Mittellinie mit einzuzeichnen und mit Querstrichen sowie Serifen der geschwungenen Form zu folgen. Buchstabenstriche, die sonst schnurgerade sind, schmiegen sich so an die vorgegebene Form an.

Tipp

Der Flaggen-Block lässt sich wunderbar mit einer schönen Banner-Illustration kombinieren. Bedenken Sie aber, dass die Buchstaben in diesem Fall etwas Abstand zum Rand des ursprünglichen Blocks brauchen. Zeichnen Sie diesen am besten mit zusätzlichen Hilfslinien ein. Weitere Worte können sich schön an existierende Formen anschmiegen – zeichnen Sie auch hierfür immer Hilfslinien, bevor Sie lettern.

Kreise und Ellipsen

Möchten Sie einen runden Bereich mit Buchstaben füllen, sollten die Anzahl der Buchstaben und deren Schriftart mit der ausgewählten Größe und Form harmonieren. Quetschen Sie zu viele Buchstaben in einen Kreis, ist der Text schwer zu entziffern. Gleiches gilt, wenn Sie die Buchstaben zu sehr verzerren müssen, um die Kreisform anzudeuten. Am besten probieren Sie es in kleinem Format aus und experimentieren mit der Ellipsenbreite, bis Sie eine stimmige Variante gefunden haben.

Kreise und Ellipsen lassen sich ganz leicht in neue Blöcke abwandeln. Schneiden Sie einfach bestimmte Bereiche ab und setzen Sie stattdessen eine gerade Kante. Hier sehen Sie einige Beispiele:

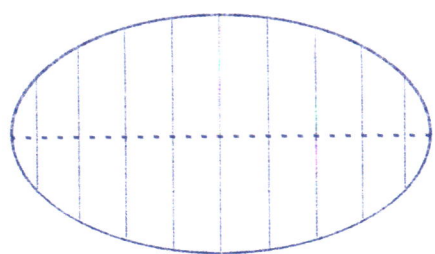
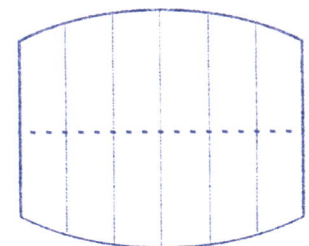
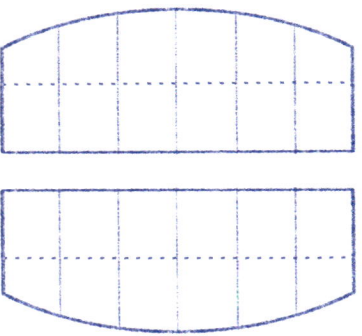

Tipp

Kreise eignen sich gut für kurze Worte wie "der, die, das, und, oder, für" sowie für Sonderzeichen. Die tatsächliche Kreisform damit auszufüllen ist mit den meisten Schriftarten aber schwierig. Eine schöne Alternative und einen tollen, kleinen Blickfang kreieren Sie, wenn Sie die Form im Negativ darstellen. Hier sehen Sie einige Beispiele:

Bogen

Einen einfachen Bogen erhalten Sie, wenn Sie mit dem Zirkel zwei unterschiedlich große Kreisbögen zeichnen, während die Zirkelspitze an der gleichen Position bleibt. Je nachdem, wie weit entfernt Sie die Kreismitte positionieren, erhalten Sie einen mehr oder weniger stark gekrümmten Bogen. Diese beiden Bögen verbinden Sie rechts und links miteinander – et voilà, der Bogen ist fertig.

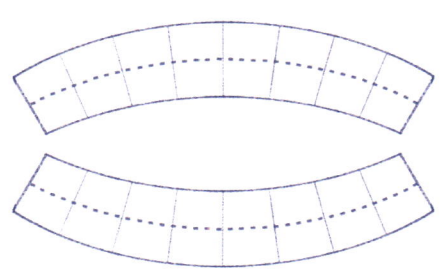

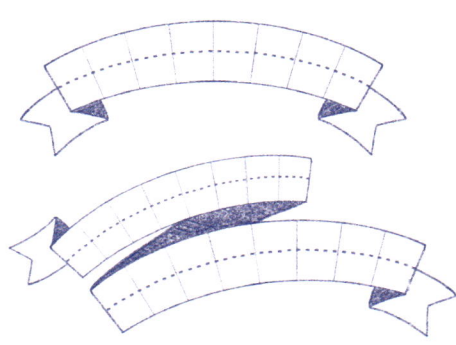

Tipp

Setzen Sie kleine Wimpel an die Bogenenden, erhalten Sie einen Banner. Da sich auch mehrteilige Banner aus Bögen zusammensetzen, gelten für die darin zu letternden Schriftzüge die gleichen Gestaltungsprinzipien.

Es gibt zwei Möglichkeiten, die Buchstaben in einen Bogen zu setzen. Bei Bannern werden die Buchstabenachsen beispielsweise immer in Richtung der Kreismitte ausgerichtet. Ausgehend von der Stelle, wo sich beim Zeichnen die Kreismitte befand, stellen Sie sich also Strahlen vor, die die Ausrichtung Ihrer Buchstaben bestimmen. Sie können diese Linien sogar einzeichnen, wenn Sie tatsächlich einen Zirkel für den Block verwendet haben.

Haben Sie den Bogen jedoch mit Hilfe einer Schablone oder eines runden Gegenstandes gemalt, lässt sich die Kreismitte nicht so einfach bestimmen. Stellen Sie sich dann einfach kleine Rechtecke vor, die sich wie auf einer Schnur aufgefädelt entlang des Bogens aufreihen. Richten Sie Ihre Buchstaben danach aus. Auf diese Weise fügen sie sich ebenfalls schön in Ihren Bogen ein.

Die zweite Variante, einen Bogen als Layout-Block zu verwenden, besteht darin, die Buchstaben strikt senkrecht auszurichten:

Es wirkt jetzt nicht mehr so, als wäre der Text auf einen Banner geschrieben. Diese Methode funktioniert allerdings nur dann, wenn der Bogen relativ schmal und wenig gekrümmt ist. Ansonsten müssten die ersten und letzten Buchstaben so stark verzerrt werden, dass sie kaum mehr ästhetisch geformt werden können.

Fliege

Eine Fliegenform erhalten Sie, wenn Sie zwei überlappende, gleichschenklige Dreiecke zeichnen, deren Grundseiten vertikal verlaufen. Mit dem Winkel und der Größe können Sie spielen, bedenken Sie jedoch, dass die Mitte nicht zu schmal werden darf.

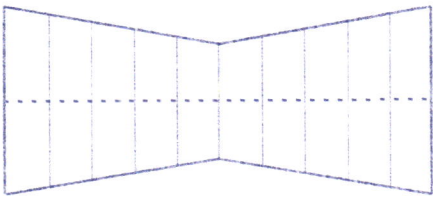

Durch die Aussparung haben Sie Platz für weitere Layout-Elemente wie etwa den noch folgenden Diamanten. Experimentieren Sie auch mit halben Fliegen, indem Sie die obere oder untere Kante gerade zeichnen.

Diamant

Dies ist, zugegeben, ein schöner Name für eine einfache Raute. Diese Form ist sehr vielseitig, da sie im Kleinformat für kurze Worte verwendet werden kann. Gleichzeitig kann der Diamant, wenn er horizontal ausgerichtet ist, auch als Block für Ihre wichtigsten Worte dienen.

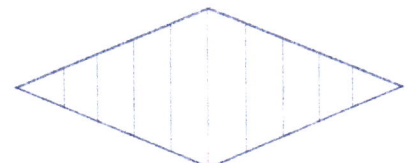

Sollte Ihnen die Raute zu spitz sein, schneiden Sie sie einfach zurecht:

Wie bereits erwähnt, können Sie den Diamanten schön mit dem Fliegen-Block kombinieren. Achten Sie dabei auf gleiche Winkel, damit sich die Teile wie ein Puzzle aneinanderfügen lassen.

Komplexere Formen

Was die Layoutblöcke betrifft, sind Ihnen im Grunde genommen keine Grenzen gesetzt. Solange Ihre Schrift noch gut lesbar ist, können Sie praktisch jede Form für Ihr Layout verwenden. Kombinieren Sie mehrere Blöcke zu einer größeren Form oder gestalten Sie eigene Gebilde.

Jetzt sind Sie dran!

Auf Seite 75 finden Sie eine Vorlage für eine Schablone. Sie soll Ihnen dabei helfen, Layoutblöcke zu skizzieren und ist für Letterings geeignet, die von der Größe her auf ein DIN-A4-Blatt passen. Die Miniaturskizzen zeichnen Sie per Hand, ohne Schablone. Das geht am schnellsten und erlaubt es, Ihre Ideen direkt und ohne lange Vorarbeit zu Papier zu bringen.

Wenn Sie Ihre Lettering-Skizze im endgütigen Format anfertigen wollen, können Sie die Schablone zu Hilfe nehmen. Übertragen Sie die Layoutblöcke Ihrer Miniskizze mit Hilfe der Aussparungen in der Schablone in das endgültige Format. Dazu übertragen Sie die Vorlage auf stärkeres Papier und schneiden die Blöcke aus.

Dazu zeichnen Sie zuerst das Format und die geplanten Achsen ein. Jetzt können Sie die Blockformen der Schablone direkt nutzen. Oder aber Sie kombinieren Teile der Schablone so, dass sich neue Blockformen ergeben. Sie können beispielsweise die Fliege mit einer geraden Kante zeichnen oder den Bogen vergrößern, indem Sie die Schablone verschieben, bevor Sie die zweite Bogenkante ziehen. Auf diese Art können Sie die Blöcke Ihrer Miniaturskizze anpassen.

Für den Anfang habe ich einige Miniaturskizzen für Sie angefertigt. Zeichnen Sie zuerst ein rechteckiges Format mit ausreichend Abstand zum Papierrand in die optische Mitte Ihres Papiers (s. Seite 55). Suchen Sie dann eines der Layouts aus und übertragen Sie dieses auf ein DIN-A4-Blatt. Es muss nicht eins zu eins mit der Miniaturskizze übereinstimmen: Wichtig ist, dass die Blockformen und ihre Proportionen in etwa passen.

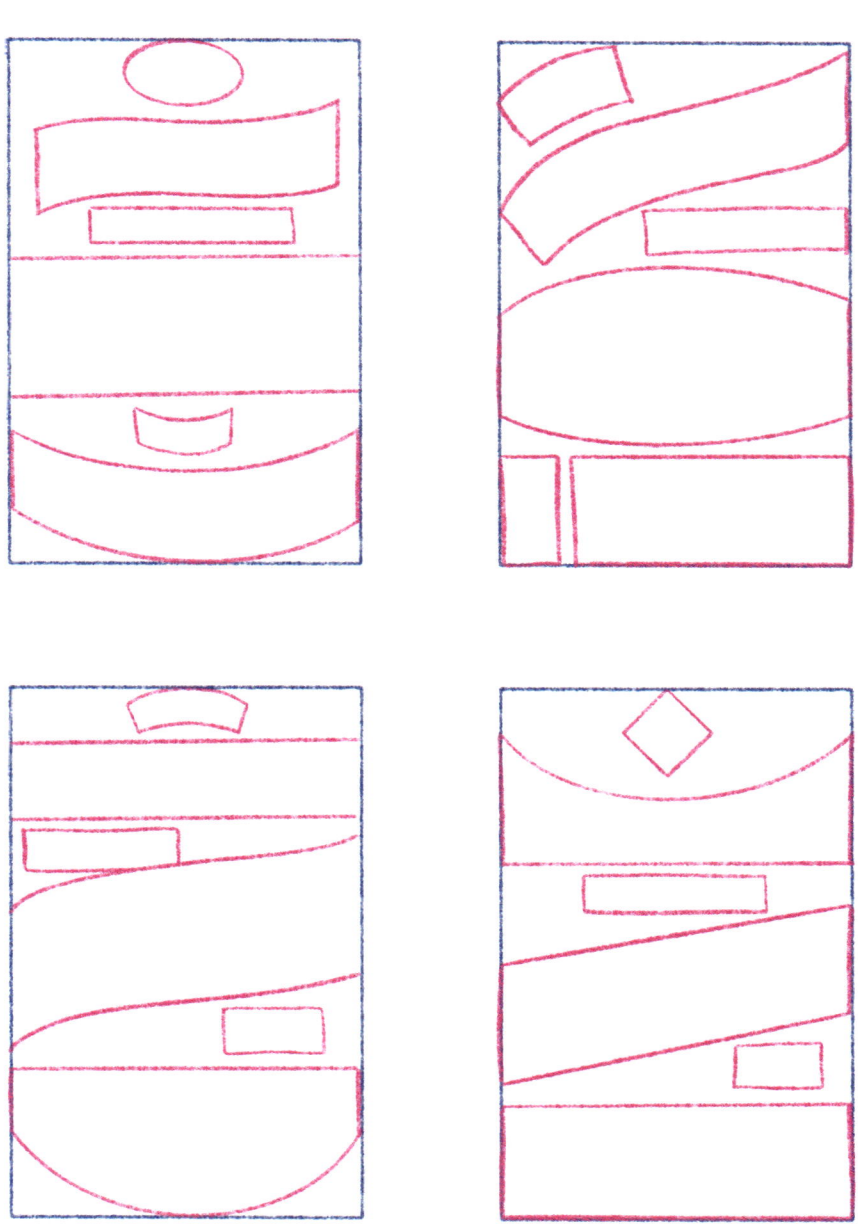

Auswahl der Blöcke

Form und Größe der Layoutblöcke spielen eine wichtige Rolle bei der Gestaltung des Layouts. Klar ist, dass Sie für Ihr Lettering immer einen hierarchischen Aufbau anstreben, damit es nicht langweilig aussieht und beim ersten Lesen gut zu verstehen ist. Groß und dick gemalte Worte treten optisch in den Vordergrund und sind deshalb in der Hierarchie ganz oben angesiedelt. Das heißt, dass sich die Wichtigkeit der Textbausteine in der Größe Ihrer Layoutblöcke widerspiegeln sollte.

Dieses Lettering besteht nur aus zwei einfachen Blöcken. Der größere Block nimmt gleich mehrere dünn geletterte Worte auf. Deshalb wirkt der untere Teil, obwohl der Block an sich kleiner ist, viel mächtiger. Das Layout ist okay, doch mit anderen Blockformen kann es spannender gestaltet werden.

Jetzt ist schon deutlich mehr Abwechslung im Lettering. Durch die unterschiedlichen Blöcke gibt es jetzt viele Möglichkeiten, mit dem Lettering zu spielen. Während das erste Beispiel sich auf eine Schriftart beschränkt, habe ich in den beiden anderen mit einem Schriftmix gespielt. Die Buchstaben können aus ihren vorgegebenen Grenzen ausbrechen. Die Blöcke sind eine Orientierungshilfe, keine Einschränkung.

In Ihrem Layout können sich die Blöcke sowohl aneinanderschmiegen als auch überlappen. Welche Blöcke Sie auf welche Art kombinieren, bleibt dabei ganz Ihnen überlassen. Es gibt für jeden Spruch schier unendliche Möglichkeiten. Machen Sie sich aber nicht verrückt, wenn Ihnen scheinbar nichts Neues einfallen will. Mit unterschiedlichen Schriftarten und Dekorationen können Sie auch ein- und dasselbe Layout viele Male ganz unterschiedlich aussehen lassen.

Haben Sie eine Kombination von Schriften gefunden, die Ihnen gefällt, übertragen Sie diese auf Ihr vorbereitetes Format (s. auch Seite 55). Jetzt haben Sie Ihren Spruch in einem schönen Schriftmix als Skizze im DIN-A4-Format. Bevor Sie sich an die Reinzeichnung machen, schauen wir uns einige Möglichkeiten der Dekoration an, die Sie in Ihr Lettering einarbeiten können.

Tipp

Es ist nicht immer die absolute Block- größe ausschlaggebend – schließlich können Sie in einen großen Block auch mehrere Worte packen. Haben Sie deshalb immer auch die Anzahl der Buchstaben im Hinterkopf, wenn Sie Ihre Layoutblöcke auswählen und positionieren.

5 Abwechslungsreiche Letterings – Ideen & Anregungen

Wenn Sie Ihre letzte Skizze zur Reinzeichnung bringen, indem Sie die Buchstaben komplett schwarz ausfüllen, werden Sie sicher ein interessantes Layout und eine schöne Umsetzung Ihres Spruches vor sich haben. Doch mit kleinen Deko-Kniffen können Sie noch viel mehr aus Ihrem Unikat herausholen. Ich zeige Ihnen einige Beispiele und bin mir sicher, dass Sie noch viele schöne, eigene Ideen haben werden.

Schatten und 3D-Look

Schattierte und dreidimensionale Buchstaben haben etwas gemeinsam: Für diese Efekte fügen Sie jeweils auf einer Seite der Buchstabenkörper mehr oder weniger dicke Linien hinzu. Meistens befinden sich Schatten oder das Volumen bei 3D-Buchstaben unten rechts oder unten links vom Buchstaben. Egal für welche Richtung Sie sich entscheiden, bleiben Sie am besten über das gan ze Lettering hinweg konsequent bei einer Richtung.

Dieses Beispiel zeigt den Schatten ein Mal unten rechts, ein Mal unten links. Egal, um welche Schriftart es sich handelt, das Prinzip bleibt immer das Gleiche: Sie zeichnen den Schatten immer nur auf einer Seite des Buchstabens, nie auf zwei gegenüberliegenden Seiten gleichzeitig.

Gleiches gilt für das Volumen von 3D-Buchstaben: Da die Schriftzeichen oft nach rechts geneigt sind, wirken Schatten ebenso wie Volumen auf der unteren, rechten Diagonalen meist besser. Auch in meinen Letterings schattiere ich fast immer nur unten rechts.

So könnten die Buchstaben fertig aussehen:

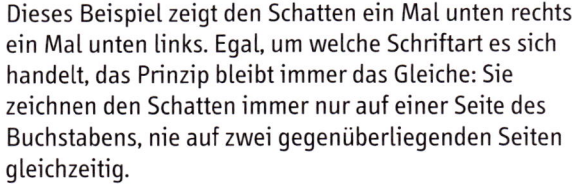
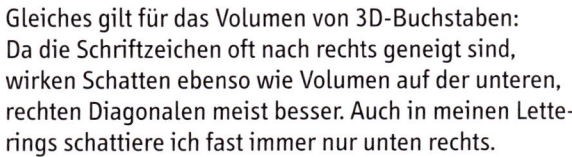

Diese einfachen Varianten sind schon sehr effektiv. Natürlich können Sie auch damit spielen, wie die folgenden Beispiele zeigen.

Bei manchen Blöcken bietet es sich an, den dreidimensionalen Körper perspektivisch zu zeichnen. Zeichnen Sie dafür einen Fluchtpunkt ein und lassen Sie das Volumen der Buchstaben dorthin verlaufen.

Buchstabendeko

Der Buchstabenkörper bietet ebenfalls Raum für Dekorationen. Von einfachen Highlights über Füllmuster bis hin zu Farbverläufen gibt es viele Möglichkeiten. Ihr Lettering mit wunderbaren Details zu versehen. Hier sind einige Anregungen zu sehen. Natürlich können Sie die Buchstabendekoration mit Schatten und 3D-Look kombinieren!

Tipp

Helle Bereiche können Sie entweder beim Ausmalen aussparen oder nachträglich mit einem weißen Gelroller hinzufügen.

Streumuster, Schnörkel, Strahlen und Tropfen

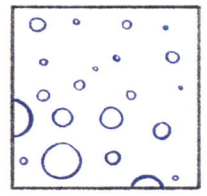  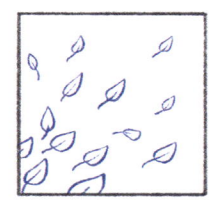

 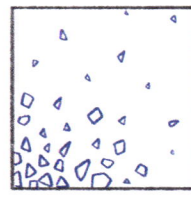 

Streumuster können Sie dazu verwenden, zu große Weißräume zu füllen und so den visuellen Zusammenhang innerhalb Ihres Letterings zu erhöhen (s. Seite 51). Sie können sie ganz gleichmäßig gestalten oder zart auslaufen lassen.

Schnörkel sind ebenfalls sehr dekorativ, wobei diese eher zu Schreibschriften passen als zu Blockbuchstaben. Strahlen und Tropfen betonen einzelne Worte oder Blöcke und können so die Wichtigkeit des Schriftzuges betonen

Tipp

Achten Sie darauf, dass es durchaus einen Unterschied machen kann, in welche Richtung die Tropfen zeigen. Vergleichen Sie die beiden letzten "you" – sehen Sie, was ich meine? Tropfen, deren Spitze nach unten gerichtet sind, können an Tränen oder sogar an Schweiß erinnern.

Banner, Rahmen und Schmuckelemente

Während Banner dazu da sind, mit Text beschrieben zu werden, dienen Schmuckelemente sowohl dazu, Weißräume zu füllen als auch wie ein Rahmen einen Abschluss oder eine Umrandung zu bilden.

Ich habe Ihnen auf Seite 62 bereits Banner gezeigt, die Sie mit Hilfe der Schablone vorzeichnen und anschließend mit Fineliner ausgestalten können. Sie können Banner aber auch geradlinig oder ganz verspielt aus der freien Hand zeichnen.

Girlanden

Alleine mit Rahmen könnte man ein ganzes Buch füllen. Sie können Linien ziehen, viele kleine Elemente aneinander-reihen oder ein Muster verwenden, um einen Rahmen für Ihr Lettering zu schaffen. Ich persönlich setze dazu nie ein Lineal ein. Wenn es ganz akkurat werden soll, zeichne ich mit Bleistift eine Linie oder mit Hilfe eines runden Gegen-stands einen Kreis vor. Den eigentlichen Rahmen male ich dann immer frei Hand, weil das natürlicher aussieht und besser zum Handlettering passt.

Tipp

Denken Sie beim Einsatz von Schmuck-elementen daran, dass Sie zum Inhalt des Letterings passen sollten. Die kleinen Illustrationen können die Bedeutung Ihrer Botschaft unterstreichen. Wenn Sie gerne zeichnen, bauen Sie ruhig auch kleine Bilder in Ihre Letterings mit ein.

Schauen Sie sich Ihre letzte Skizze noch einmal an. Wenn Sie die einzelnen Schritte in diesem Buch nachvollzogen haben, liegt nun der Spruch »Ein Lettering ist eine Kombination aus Unikaten« als fertige Zeichnung im Endformat vor Ihnen. Nachdem Sie nun auch Ihr Wissen mit zusätzlichen Informationen zu Buchstabendeko und Schmuckelementen aufgefrischt haben, können Sie die Skizze nach Ihren Wünschen ergänzen.

Dann ist es an der Zeit, Ihre Skizze zur Reinzeichnung zu bringen – genauso, wie Sie es mit Ihrem Lettering nach der Anleitung auf Seite 57 gemacht haben. Vielleicht möchten Sie diesmal zusätzliche Stifte verwenden. Setzen sie zum Beispiel Hightlights mit einem weißen Gelstift oder malen Sie Schmuckelemente mit einem Glitzerstift.

Buchempfehlungen für Dich

Noch mehr spannende Bücher zum gleichen Thema gesucht?

ISBN 978-3-7724-8382-0

ISBN 978-3-7724-8383-7

ISBN 978-3-7724-8375-2

ISBN 978-3-7724-8384-4

ISBN 978-3-7724-8385-1

ISBN 978-3-7724-8381-3

ISBN 978-3-7724-4741-9

ISBN 978-3-7724-4720-4

ISBN 978-3-7724-4738-9

Noch mehr Kreativ-Bücher findest Du auf www.TOPP-kreativ.de

Von Ludmila Blum
sind außerdem erschienen:

ISBN 978-3-7724-8341-7

ISBN 978-3-7724-8340-0

ISBN 978-3-7724-8335-6

ISBN 978-3-7724-8333-2

#TOPPPROJEKT

Zeige allen, wie kreativ du bist. Teile dein TOPPprojekt
mit anderen Kreativen und werde Teil der Gemeinschaft.

Du bist DIY-begeistert und auf Instagram?
Mach mit! Hier siehst du, was andere machen,
bekommst Tipps und Feedback zu deinen
Projekten und wir verlosen jeden Monat ein
Überraschungspaket. Um am Gewinnspiel
teilzunehmen, poste ein Bild von deinem
Kreativ-Projekt aus unseren Büchern mit
#TOPPprojekt und folge unserem Account
@frechverlag. Mehr Infos findest du auf
TOPP-kreativ.de/TOPPprojekt

Mach mit beim
#TOPPPROJEKT
#TOPPprojekt
@frechverlag

Webseite
Auf **TOPP-kreativ.de** findest
du unser riesiges Angebot von über
1.000 Kreativbüchern, Sets & mehr.

Newsletter
Hier erfährst du als Erstes
von unseren Neuheiten
und Sonderaktionen:
TOPP-kreativ.de/newsletter

Instagram
@frechverlag

DigiBib
Hier erhältst du zusätzlich zu
einigen unserer Bücher digitale
Extras, wie Video-Tutorials,
Plotter-Dateien, Vorlagen,
Übungsblätter & vieles mehr.
Schau im Impressum deines TOPP-Buchs
nach, ob dort ein Code vorhanden ist und
schalte dir deine Inhalte frei:
TOPP-kreativ.de/digibib

Pinterest
pinterest.com/frechverlag

Facebook
facebook.com/frechverlag

Youtube
youtube.com/frechverlag

Wer wir sind, wie wir arbeiten, was wir lieben

Folge uns auf Instagram, Facebook und Pinterest, um mehr über uns und unsere Arbeit zu erfahren und immer mit den neuesten Informationen versorgt zu sein.

Alle News, alle Infos und alle Links findest du auf www.TOPP-kreativ.de

AUTORIN

Ludmila Blum ♥

sitzt als Mama von drei Kindern häufig mit Stift und Papier zwischen Bergen von Kinderspielzeug sie kann einfach nicht von ihrer kreativen Ader lassen. Mit ihrem Blog möchte sie nicht nur inspirieren, sondern auch zum Mitmachen motivieren. Sie beschäftigt sich dort mit den vielfältigen Aspekten des Letterns und zeigt anhand zahlreicher Tutorials und Anleitungs-Videos, wie originelle Handlettering-Unikate entstehen.

Impressum

Illustrationen und Letterings: Ludmila Blum
Produktmanagement: Hannelore Irmer-Romeo
Lektorat: Gabriele Betz, Tübingen
Covergestaltung: Eva Grimme
Layout: Ortrud Müller, Die Buchmacher – Atelier für Buchgestaltung, Köln
Satz: FSM Premedia, Münster
Umschlag/Herstellung: Heike Köhl
Druck und Bindung: POLYGRAF PRINT spol. s r.o.

1. Auflage 2021
© 2021 frechverlag GmbH, Turbinenstr. 7, 70499 Stuttgart

ISBN 978-3-7724-4798-3
Best.-Nr. 4798